Thomas Loscher, Johanna Elhaus

Popmusik ganz einfach

Altersangemessene Musik für Schüler mit geistiger Behinderung erfahrbar machen

PERSEN

Die Autoren

Thomas Loscher ist Förderschullehrer für die Förderschwerpunkte Sehen und geistige Entwicklung. Aktuell unterrichtet er an der Johann-Peter-Schäfer-Schule Friedberg (Förderschwerpunkt Sehen).

Johanna Elhaus ist Förderschullehrerin für die Förderschwerpunkte geistige und emotionale soziale Entwicklung. Aktuell unterrichtet sie an der Wartbergschule Friedberg (Förderschwerpunkt geistige Entwicklung) sowie im Beratungs- und Förderzentrum einer integrativen Gesamtschule.

Gedruckt auf umweltbewusst gefertigtem, chlorfrei gebleichtem und alterungsbeständigem Papier.

1. Auflage 2017

Illustrationen: Oliver Wetterauer (inkl. Covergrafik), Mele Brink (Herz S. 47)
Satz: Satzpunkt Ursula Ewert GmbH, Bayreuth

ISBN: 978-3-403-20209-7

www.persen.de

1 Einleitung

Bereits während unseres Vorbereitungsdienstes als Förderschullehrkräfte gestaltete sich die Suche nach geeigneter Literatur zur Planung und Durchführung von Musikunterricht im Förderschwerpunkt geistige Entwicklung schwierig. Dabei fiel uns auf, dass vor allem umsetzbare Praxistipps sehr rar waren. Vorhandene Materialien mussten meist stark verändert und elementarisiert werden.

Im Laufe unseres Vorbereitungsdienstes sammelten wir vielfältige Erfahrungen im Musikunterricht mit Kindern und Jugendlichen, die im Förderschwerpunkt geistige Entwicklung beschult werden. Dabei widmeten wir uns unter anderem dem Thema „Popmusik“ und erforschten die verschiedenen Stilrichtungen mit unseren Schülerinnen und Schülern[1] singend, tanzend und musizierend.

Um das Angebot an angemessener Praxisliteratur erweitern zu können, haben wir in diesem Buch unsere Erfahrungen zusammengetragen und durch die entsprechende Theorie ergänzt. Ein besonderer Dank geht dabei an unsere Mentoren und Kollegen Angela Jacobi, Mareike Boehm und Dominik Günthner, die einen großen Anteil an der Entstehung der Unterrichtsbeispiele haben.

Das Buch richtet sich an Lehrkräfte und Erzieher, die die Popmusik mit (geistig) behinderten Kindern erkunden wollen. Es soll verschiedene Anregungen für die Praxis geben und motivieren, dem Musikunterricht einen festen Platz im Schulalltag einzuräumen. Vor allem wollen wir betonen, dass in der musikalischen Erziehung großes Motivationspotenzial für so gut wie jeden Schüler schlummert und erstaunliche Entwicklungen bei Kindern und Jugendlichen möglich sind.

Im ersten Teil dieses Buches finden Sie theoretische Ausführungen und methodische Hinweise zur Popmusik. Dazu wird zunächst die Popmusik vorgestellt und die Relevanz dieses Themas ergründet. Anschließend folgt eine kurze Einführung in den Planungsprozess für Popmusik im Musikunterricht mit mehrfachbehinderten Schülern. Dabei wird auf Tipps für die Gestaltung von Unterrichtseinheiten und -sequenzen eingegangen, die im Anschluss anhand der Stilrichtungen Rockmusik, elektronische Tanzmusik und Rapmusik verdeutlicht werden.

Im zweiten Teil werden praktische Unterrichtsideen zu den Bereichen Musik spielen, zu Musik tanzen und Musik selbst entwickeln vorgestellt. Zunächst werden praktische Hinweise für Arrangements von Popsongs gegeben, um diese für alle Schüler spielbar zu machen. Danach wird auf verschiedene typische Instrumente der Popmusik eingegangen und Hinweise zum Einsatz dieser gegeben – mit Berücksichtigung von nicht vorhandenen Instrumentenkenntnissen oder körperlichen und sensorischen Einschränkungen seitens der Schüler. Das darauffolgende Kapitel verdeutlicht den Bereich des Tanzens an zwei praktischen Unterrichtsbeispielen (Rockmusik, Rapmusik). Abschließend werden anhand eines mit Schülern entwickelten Raps Kriterien und Tipps für die Entwicklung eigener Popsongs beschrieben.

---

[1] Wir sprechen hier wegen der besseren Lesbarkeit von Schülern bzw. Lehrern in der verallgemeinenden Form. Selbstverständlich sind auch alle Schülerinnen und Lehrerinnen gemeint.

Auf die vielfältigen positiven Auswirkungen von Musik auf Schüler – ob in Bezug auf die körperliche, geistige, soziale oder die Persönlichkeitsentwicklung – soll an dieser Stelle lediglich hingewiesen werden. Hier lässt sich beispielweise auf die Ausführung des Lernbereichs „Musik“ im bayerischen Lehrplan für den Förderschwerpunkt geistige Entwicklung (vgl. BSfUK 2003) oder auf den Bildungs- und Erziehungsplan „Bildung von Anfang“ (vgl. HKM 2007) hinweisen. Beide Quellen stellen diesen Lernbereich und die einzelnen zu erreichenden Kompetenzen ausführlich dar.

Um darauf eingehen zu können, warum Popmusik ein Unterrichtsinhalt sein sollte, bedarf es zunächst einer Begriffsbestimmung. Der Begriff „Popmusik“ wird hier verwendet als Oberbegriff für alle Stilrichtungen der populären Musik (z. B. Rockmusik, elektronische Tanzmusik, deutscher Schlager, Rapmusik). Zur Popmusik gehören aktuell in den Musikcharts vertretene Songs sowie sogenannte Kultsongs, die aufgrund früherer Popularität einen Kultstatus erreicht haben.

Schüler hören in ihrer Freizeit vorwiegend Popmusik – ob im Radio, auf CDs oder ihrem Handy. Bereits diese allgemeine Präsenz und Beliebtheit der Popmusik macht sie zu einem Medium, das sich besonders gut in den Unterricht integrieren lässt und einen **altersangemessenen** Lerninhalt schafft. Indem mit der Popmusik ein Thema aufgegriffen wird, das einen Großteil der Schüler besonders interessiert und ihnen in ihrer Freizeit begegnet, tritt auch die **Selbstbestimmung** in den Vordergrund. Dabei ist es wichtig, dass Sie den Schülern Erfahrungs- und Handlungsräume zur Verfügung stellen, in denen sie ihre Gefühle, Bedürfnisse und Haltungen in Bezug auf (Pop-)Musik wahrnehmen und zum Ausdruck bringen und stets ein selbstbestimmtes Handeln erproben können.

Darüber hinaus kann die Erarbeitung dieses Unterrichtsinhaltes die kulturelle und gesellschaftliche **Teilhabe** der Schüler fördern. In Anbetracht des großen Stellenwertes von Musik und den damit verbundenen Bereichen, wie zum Beispiel dem Tanzen, wird dies deutlich.

Schließlich wirkt sich die Berücksichtigung des allgemeinen Interesses an Popmusik auch auf die Entwicklung einer **intrinsischen Motivation** – also einer Bereitschaft, sich diesem Thema zu öffnen – maßgeblich aus.

Die Unterrichtung populärer Musik wird in der Musikfachdidaktik durchaus kritisch gesehen, teilweise wird hier sogar davon gesprochen, dass man sie gar nicht unterrichten kann. Allerdings hat sie, wie bereits gezeigt, eine große Bedeutung für Schüler und sollte deshalb berücksichtigt werden. Wesentlich bei der Auseinandersetzung mit populärer Musik ist, dass die Schüler sich mit den konkreten Praxen der populären Musik auseinandersetzen können. Dabei sollte wesentlicher Raum für ästhetische Erfahrungen vorhanden sein, die vor allem durch gemeinsames Musizieren entstehen (vgl. Rolle 2010).

Dies bedeutet, dass **Handlungsorientierung** für die Umsetzung von Popmusik im Musikunterricht mit Schülern mit geistiger oder mehrfacher Beeinträchtigung zentral ist. Es gilt, dem Grundsatz „Über Musik lernen durch Musikmachen" zu folgen und so den Schülern Handlungs- und Erlebnismöglichkeiten zu schaffen, durch die sie in der Lage sind, neue Erkenntnisse zu gewinnen.

Außerdem gilt es, **ganzheitliche Sinnzusammenhänge** herzustellen. Schüler mit geistiger und mehrfacher Beeinträchtigung haben im Musikunterricht nicht nur das Ziel, ihr Wissen über Musik und ihre musikalischen Fähigkeiten zu erweitern, sondern auch in ihren Wahrnehmungsfähigkeiten unterstützt oder gefördert zu werden und ihre kommunikativen Kompetenzen weiterzuentwickeln. Hier zeigt sich, dass Musikunterricht mit diesen Schülern auch immer um Elemente der Musiktherapie ergänzt werden sollte (vgl. Häußler & Wittenstein 2011).

Dazu gilt es, **multisensorische Lernangebote** zu schaffen. Mehrsinnliches Arbeiten ermöglicht ein tieferes Erlebnis und somit auch eine bessere ästhetische Erfahrung, sei es, wenn man den Rhythmus auf einem Cajon sowohl spürt als auch hört oder wenn man mit einem Tablet Klänge erzeugt, die gleichzeitig visualisiert werden.

Außerdem gelten natürlich auch für den Musikunterricht alle weiteren grundlegenden Prinzipien des Unterrichts mit geistig und mehrfachbeeinträchtigten Schülern. Dazu gehört beispielsweise eine klare **Rhythmisierung** mit Ritualen, aber auch eine passende **Differenzierung.**

Die Grundlage für die Unterrichtsplanung im Unterricht mit geistig und mehrfachbeeinträchtigten Schülern stellt der Ansatz „Bildung mit ForMat" von Lamers und Heinen dar, in dessen Zentrum das Konzept der **Elementarisierung** steht (vgl. Terfloth & Bauersfeld 2012). Dieses lässt sich auch auf den Musikunterricht bzw. auf die Planung von Unterrichtsangeboten zum Thema Popmusik anwenden.

Im Folgenden werden wir deshalb die einzelnen Planungsschritte einer Popmusikeinheit in Anlehnung an die Aspekte der Elementarisierung deutlich machen und im Anschluss anhand von Beispieleinheiten zu Rockmusik, elektronischer Tanzmusik und Rapmusik konkretisieren.

Elementarer Kern der Musikrichtung

Am Anfang steht die Analyse der ausgewählten Musikrichtung. Es gilt herauszuarbeiten, was diese Musik besonders ausmacht. Jede Popmusikrichtung, egal ob Schlager, Jazz, Rock etc., hat ihre eigenen Spezifika, die sie klar von anderen Musikrichtungen unterscheiden. Es geht also darum, *charakteristische Merkmale* zu erkennen.

Dabei müssen jedoch auch die Aneignungsmöglichkeiten der Schüler berücksichtigt werden. Dazu sollten Sie Merkmale identifizieren, die für Ihre Lernenden erfahrbar und interessant sind, um so für eine hohe Bedeutsamkeit zu sorgen.

Bei der Analyse können Ihnen folgende Fragen helfen:

„Gibt es einen besonderen Sound?“

„Gibt es typische Instrumente, Tänze etc.?“

„Haben die Lieder eine charakteristische Struktur?“

Elementare Erfahrungsmöglichkeiten

Anschließend werden die charakteristischen Merkmale als Grundlage verwendet, um mögliche Kompetenzen/Ziele, die anhand der Auseinandersetzung mit den Inhalten gewonnen werden können, zu erarbeiten.

Hier sollten sowohl die curricularen Vorgaben als auch die Lernvoraussetzungen der Schüler Berücksichtigung finden. Zu bedenken ist dabei, dass die mehrsinnliche Erfahrung der Musikrichtung die Grundlage für alle Schüler darstellt, auf der dann alle weiteren Ziele und Kompetenzen aufbauen.

Exemplarische Lieder

Als Grundlage für die Erarbeitung einer Popmusikrichtung sollten Sie ein festes Lied verwenden. Hier ist es wichtig, ein passendes Lied auszuwählen, das die vorher erarbeiteten charakteristischen Merkmale deutlich erkennbar beinhaltet. Außerdem sollten Sie auf eine möglichst hohe Aktualität oder Popularität des Liedes achten bzw. die Interessen Ihrer Schüler berücksichtigen, da dies zu einer erhöhten Motivation führen kann.

Elementare musikalische Aktivitäten

Schließlich gilt es, auf Grundlage der vorherigen Planungsschritte mögliche Aktivitäten zu erarbeiten, durch die sich die Schüler mit den charakteristischen Merkmalen anhand des Liedes auseinandersetzen können.

Hier müssen die verschiedenen Aneignungsmöglichkeiten bedacht werden, um für eine passende Differenzierung sorgen zu können und sinnvolle Aktivitäten für alle Schüler zu ermöglichen.

Für die konkrete Stundenplanung ist es wichtig, dass Sie die für Ihre Schüler passendsten Aktivitäten auswählen und diese in eine sinnvolle Reihenfolge bringen, um Ihren Schülern die Aneignung der Kompetenzen im Laufe der Einheit zu ermöglichen.

Um den Prozess zu verdeutlichen, werden im Folgenden drei mögliche Einheiten zu den Musikformen Rockmusik, elektronische Tanzmusik und Rapmusik beispielhaft vorgestellt.

Charakteristische Merkmale der Rockmusik

- Instrumente: E-Gitarre/E-Bass, Schlagzeug, Mikrofon/Gesang
- Sound: hohe Lautstärke
- elektronische Verstärkung von Instrumenten
- Konzertatmosphäre: Pogotanz, Erlebnis, eine Band zu sein

Mögliche Kompetenzen/Ziele, die in der Unterrichtseinheit angestrebt werden können

Die Schüler …

… hören und singen Rocksongs.

… erleben Rockmusik und dazugehörende Elemente wie Sound, Möglichkeiten der elektronischen Verstärkung und das Konzerterlebnis.

… lernen typische Instrumente von Rockbands kennen und erzeugen mit ihnen Töne und Klänge.

… erleben sich als Teil einer Rockband.

… erkennen typische Instrumente von Rockbands in verschiedenen Darstellungen.

Passende Lieder:

- Die Toten Hosen – Tage wie diese
- Blur – Song 2
- Red Hot Chili Peppers – Otherside

Mögliche Aktivitäten

basal-perzeptiv	konkret-gegenständlich	anschaulich	begrifflich-abstrakt
• Veränderung der Lautstärke wahrnehmen (Bsp.: Vergleich „E-Gitarre“ vs. „akustische Gitarre“) • Instrumente mit Assistenz spielen • Rockmusik hören • sich zu Rockmusik bewegen	• Instrumente spielen und ihren Klang vergleichen • mit und ohne Mikrofon singen • gemeinsam zu einem Rocksong spielen und singen • einen Tanz zu Rockmusik einüben	• Instrumente auf Bildern konkreten Instrumenten zuordnen • Musikvideos auf Instrumente untersuchen • einen Tanz zu Rockmusik anhand von Bildern erarbeiten	• Instrumenten Wortkarten zuordnen • Höraufträge (Bsp.: Welche Instrumente hörst du?) • eine Choreografie beschreiben • einen Rocksongtext erlesen und singen

Thema der Stunde: Einführung in die Rockmusik

Ziele der Stunde:

Die Schüler …

… kennen Instrumente einer Rockband.

… nutzen das Mikrofon zur Verstärkung der Stimme.

… hören Rockmusik und bewegen sich dazu.

Möglicher Stundeninhalt	Material
Einstieg	
• Einstimmung ins Thema mit einer Bewegung (Bsp.: auf die Beine klopfen und Rockmusik rufen)	
• Vorspielen des Rocksongs	• Lied „Tage wie diese" (Die Toten Hosen)
• Anschließend wird mit den Schülern geklärt, welche Musik gehört wurde und wie sie klang. Das Rockmusikschild wird in die Kreismitte gelegt.	• Rockmusikschild[2]
• Im Anschluss wird das Lied noch mal gehört, diesmal mit Bewegung (Klatschen, Stampfen etc.).	
Erarbeitung	
1. Lernangebot:	
• Die Schüler hören das Lied erneut an, dabei sollen sie vor allem auf den Sound und die Lautstärke des Gesanges achten.	• Lied „Tage wie diese" (Die Toten Hosen)
• Im Anschluss wird ausprobiert, ob man genauso laut singen kann, während Rockinstrumente gespielt werden.	• Schlagzeug und E-Gitarre
• Es werden Möglichkeiten zum lauteren Singen gesammelt und schließlich das Mikrofon kennengelernt.	• Mikrofon
• Abschließend singen alle noch einmal mit und ohne Mikrofon im Vergleich.	• Bildkarte „Mikrofon"[2]
2. Lernangebot:	
• Die Schüler hören das Lied noch mal mit dem Hörauftrag: Welche Instrumente hört ihr?	• Lied „Tage wie diese" (Die Toten Hosen)
• Gehörte Instrumente werden von allen erprobt und anschließend um das Rockmusikschild herum positioniert.	• E-Gitarre • Snare-Drum mit Becken und Sticks (als Symbol für ein ganzes Schlagzeug)
• Als Abschluss werden den Instrumenten Bildkarten[2] zugeordnet.	• Bildkarten „Instrumente"[2]
Abschluss	
• Die beiden Gruppen stellen sich ihre Ergebnisse gegenseitig vor.	
• Alle Instrumente und das Mikrofon werden noch einmal benannt, dann werden ihnen entsprechende Bild- und Wortkarten zugeordnet.	• Bild- und Wortkarten[2]

[2] Siehe Anhang B und C

Thema: Vertiefte Auseinandersetzung mit charakteristischen Merkmalen der Rockmusik

Ziele der Stunde:

Die Schüler …

… erkennen die Ausstattung einer Rockband auf Bildkarten / anhand von Realgegenständen.

… entnehmen einem Video Informationen.

… unterscheiden den Klang von akustischer und elektronischer Gitarre.

… kennen die Ausstattung einer Rockband.

Stundeninhalt	Material
Einstieg	
• Vorspielen des Rocksongs mit Bewegung (Klatschen, Stampfen etc.)	• Lied „Tage wie diese" (Die Toten Hosen)
• Einstimmung ins Thema mit einer Bewegung (Bsp.: auf die Beine klopfen und „Rockmusik" rufen) • Die Schüler wiederholen die erarbeitete Bandausstattung mit Bild- und Wortkarten und die Lehrkraft (LK) stellt die Materialien in die Mitte des Kreises.	• Bild-/Wortkarten: E-Gitarre, Schlagzeug, Mikrofon[3] • E-Gitarre, Schlagzeug, Mikrofon
• Anschließend werden die Gruppen eingeteilt und die Arbeitsaufträge gegeben.	
Erarbeitung	
1. Lernangebot:	
• Die Schüler hören den Rocksong noch einmal und achten dabei besonders auf den Klang der Gitarre.	• Lied „Tage wie diese" (Die Toten Hosen)
• Sie probieren dann den Klang einer akustischen Gitarre mit gleichzeitigem Schlagzeugspiel aus, überlegen sich Möglichkeiten der Gitarrenverstärkung und erproben diese (Bsp.: Mikrofon).	• akustische Gitarre • Schlagzeug • Mikrofon
• Die LK stellt die E-Gitarre mit Verstärker als weitere Möglichkeit vor. • Die Schüler erproben die E-Gitarre und die akustische Gitarre im Vergleich.	• E-Gitarre (falls keine E-Gitarre vorhanden, kann auch beim Mikrofon als Verstärkungsmedium geblieben werden) • Verstärker
2. Lernangebot:	
• Die Schüler schauen am Whiteboard oder Computer das Musikvideo zum Rocksong.	• Whiteboard oder Computer
• Die Schüler bekommen dazu Bildkarten der Rockbandausstattung.	• Video: „Tage wie diese" (Die Toten Hosen)
• Das Video wird von der LK an Stellen gestoppt, an denen die Elemente gut zu sehen sind. • Die LK fordert die Schüler dann auf, mit den Bildkarten zu zeigen, welchen Gegenstand der Bandausstattung sie sehen.	• Bild-/Wortkarten von E-Gitarre, Schlagzeug, Mikrofon[3]
Abschluss	
• Die beiden Gruppen stellen sich ihre Ergebnisse gegenseitig vor. • Alle charakteristischen Merkmale werden noch einmal benannt und ihnen entsprechende Bild- und Wortkarten zugeordnet.	• Bild-/Wortkarten von E-Gitarre, Schlagzeug, Mikrofon[3]

[3] siehe Anhang B und C

Thema der Stunde: Zu Rockmusik „abrocken“

Ziele der Stunde:

Die Schüler …

... verwenden Instrumente und andere Gegenstände, die für Rockmusik benötigt werden.

... bewegen sich zu Rockmusik.

... musizieren gemeinsam zu Rockmusik.

Stundeninhalt	**Material**
Einstieg • Der Rocksong wird mit Bewegung (Klatschen, Stampfen etc.) vorgespielt. • Einstimmung ins Thema mit einer Bewegung (Bsp.: auf die Beine klopfen und „Rockmusik“ rufen) • Die Schüler wiederholen die erarbeitete Bandausstattung mit Bild- und Wortkarten und die Lehrkraft (LK) stellt die Materialien in die Mitte des Kreises.	• Lied „Tage wie diese“ (Die toten Hosen) • Bild-/Wortkarten von E-Gitarre, Schlagzeug, Mikrofon[4] • E-Gitarre, Schlagzeug, Mikrofon
Erarbeitung *1. Lernangebot:* • Die Schüler schauen am Whiteboard oder Computer das Livevideo zum Rocksong. • Dabei werden vor allem die Konzertteile besonders beachtet. • Im Gespräch wird geklärt, wie die Leute im Video tanzen (Schubsen, Pogo etc.). • Anschließend wird das Pogotanzen (hüpfen und leichtes Schubsen) erprobt.	• Whiteboard oder Computer • Video: „Tage wie diese“
2. Lernangebot: • Die Schüler hören das Lied noch mal und wiederholen die Instrumente. • Alle Schüler bekommen die Möglichkeit, zunächst alle Instrumente und das Mikrofon noch einmal zu erproben. • Anschließend werden die Instrumente und das Mikrofon auf die Schüler verteilt und sie spielen zum Rocksong.	• Bild-/Wortkarten von E-Gitarre, Schlagzeug, Mikrofon[4] • E-Gitarre, Schlagzeug, Mikrofon
Abschluss • Die beiden Gruppen simulieren ein Konzert. • Gruppe 2 tritt als „Band“ auf und spielt die Instrumente zum Lied. • Gruppe 1 tanzt dazu Pogo.	• Lied „Tage wie diese“ (Die toten Hosen) • E-Gitarre, Schlagzeug, Mikrofon

[4] siehe Anhang B und C

Thema der Stunde: Ein Rockkonzert zum Abschluss

Ziele der Stunde:

Die Schüler …

… verwenden Instrumente und andere Gegenstände, die für Rockmusik benötigt werden.

… musizieren gemeinsam zu Rockmusik.

… bewegen sich zu Rockmusik.

Möglicher Stundeninhalt	Material
Einstieg	
• Vorspielen des Rocksongs mit Bewegung (Klatschen, Stampfen etc.)	• Lied „Tage wie diese" (Die toten Hosen)
• Einstimmung ins Thema mit einer Bewegung (Bsp.: auf die Beine klopfen und Rockmusik rufen)	• Bild-/Wortkarten von E-Gitarre, Schlagzeug, Mikrofon[5]
• Die Schüler wiederholen die erarbeitete Bandausstattung mit Bild- und Wortkarten und die Lehrkraft (LK) stellt die Materialien in die Mitte des Kreises.	• E-Gitarre, Schlagzeug, Mikrofon
• Anschließend werden die Gruppen eingeteilt und die Arbeitsaufträge gegeben.	
Erarbeitung	• Rocksongs (möglichst mit einfacher Struktur: z. B. Blur – Song 2, Kraftklub – Nicht nach Berlin)
• Den Schülern wird angekündigt, dass ein Rockkonzert mit mehreren Bands stattfinden soll.	
• Es werden Gruppen mit je drei Schülern gebildet, denen jeweils ein Rocksong zugeteilt wird.	• mehrere E-Gitarren
• Die Gruppen bekommen Rockinstrumente und ein Mikrofon und die Aufgabe, diese noch einmal zu erproben.	• mehrere Schlagzeugteile
• Die Schüler spielen die Instrumente zu ihren Liedern und proben so für ihren Auftritt im Anschluss.	• mehrere Mikrofone
Abschluss	• Rocksongs
• Je eine Gruppe steht „auf der Bühne" und spielt die Rockinstrumente bzw. singt ins Mikrofon zu ihrem Rocksong.	• E-Gitarre, Schlagzeug, Mikrofon
• Die anderen Gruppen bewegen sich als Publikum dazu.	

[5] siehe Anhang B und C

Charakteristische Merkmale elektronischer Tanzmusik (ETM)

- Liedstruktur: Wechsel von Vokal- und Instrumentalteilen
- Tanzbarkeit
- Instrumente: Tablet/Keyboard
- Sound: starker, spürbarer Bass

Mögliche Kompetenzen/Ziele, die in der Unterrichtseinheit angestrebt werden können

Die Schüler …

… erleben elektronische Tanzmusik und dazugehörige charakteristische Merkmale wie Liedstruktur und Tanzbarkeit, Tablet/Keyboard als Instrument und den Bass.

… nutzen ein Tablet/Keyboard als Medium zur Produktion und Wiedergabe von Musik.

… bewegen sich zu elektronischer Tanzmusik.

… hören und spielen elektronische Tanzmusik.

Passende Lieder

- Avicii – Wake Me Up
- David Guetta – Lovers On The Sun
- Robin Schulz – Sun Goes Down

Mögliche Aktivitäten

basal-perzeptiv	konkret-gegenständlich	anschaulich	begrifflich-abstrakt
• ETM hören • sich zu ETM bewegen und dabei die Liedstruktur durch unterschiedliche Bewegungen erfahren • den Bass eines ETM-Liedes erspüren • mit einem Tablet/Keyboard Klänge erzeugen	• eine einfache 2-teilige Choreografie tanzen (Gesangsteil vs. Instrumentalteil) • kurze Sequenzen mit Keyboard/Tablet spielen • gemeinsam zu einem ETM-Lied Tablet/Keyboard spielen • Basstöne erzeugen und mit hohen Tönen vergleichen	• eine einfache Choreografie mit Bildsymbolen darstellen • charakteristischen Elementen Bildkarten zuordnen	• Keyboard/Tablet nach Vorgaben spielen • charakteristischen Elementen Wortkarten zuordnen • Hörauftrag (Bsp.: „vokal oder instrumental?")

3B Popmusik elementarisiert: Beispiel einer Einheit zur elektronischen Tanzmusik (Stunde 1)

Thema: Einführung in die elektronische Tanzmusik (ETM)

Ziele der Stunde:

Die Schüler …

… hören ETM.

… erleben die Struktur von ETM.

… bewegen sich und singen zu ETM.

Stundeninhalt	Material
Einstieg • Der ETM-Song wird den Schülern vorgespielt. • Anschließend wird mit den Schülern geklärt, welche Musik gehört wurde und wie sie klang. Das ETM-Schild wird in die Kreismitte gelegt. Im Anschluss wird das Lied noch einmal gehört, diesmal dürfen die Schüler frei dazu tanzen.	• Lied „Wake Me Up“ (Avicii) • Bild-/Wortkarten „Elektronische Tanzmusik“[6]
Erarbeitung *1. Lernangebot:* • Die Schüler hören den ETM-Song noch einmal. • Dazu gibt es den Hörauftrag, Gesangs- und Instrumentalteile zu identifizieren. • Im Anschluss wird der Fokus auf den Instrumentalteil gelegt und ein einfacher Sitztanz dazu erarbeitet. • Beispiel für eine Tanzchoreografie zum Instrumentalteil: zunächst 2× auf die Oberschenkel klopfen, danach 2× in die Hände klatschen und dann die Hände über den Kopf strecken und „Yeah“ rufen	• Lied „Wake Me Up“ (Avicii)
2. Lernangebot: • Die Schüler hören den ETM-Song noch einmal. • Dazu gibt es den Hörauftrag, Gesangs- und Instrumentalteile zu identifizieren. • Im Anschluss wird der Fokus auf den Gesangsteil gelegt. • Die Schüler lautieren, summen oder singen frei mit zum Gesangsteil, z. T. mit UK-Medien.	• Lied „Wake Me Up“ (Avicii) • evtl. Mikrofon, Talker, Tablet mit UK-App
Abschluss • Die beiden Gruppen stellen sich ihre Ergebnisse gegenseitig vor. • Als Abschluss fügen die beiden Gruppen ihre Ergebnisse zusammen. • Der ETM-Song wird abgespielt und Gruppe 2 singt zum Gesangsteil, während Gruppe 1 zum Instrumentalteil tanzt.	• Bild-/Wortkarten „Elektronische Tanzmusik“[6] • Lied „Wake Me Up“ (Avicii) • evtl. Mikrofon, Talker, Tablet mit UK-App

[6] siehe Anhang B und C

Thema: Das Tablet als charakteristisches Instrument der ETM

Ziele der Stunde:

Die Schüler …

… erleben das Tablet als Instrument.

… produzieren mit dem Tablet verschiedene Sounds.

… spielen mit dem Tablet zu einem Lied.

Stundeninhalt	Material
Einstieg • Der ETM-Song wird den Schülern vorgespielt. • Anschließend wird mit den Schülern geklärt, welche Musik gehört wurde. Das ETM-Schild wird in die Kreismitte gelegt. • Im Anschluss wird das Lied noch einmal gehört, diesmal dürfen die Schüler frei dazu tanzen.	• Lied „Wake Me Up“ (Avicii) • Bild-/Wortkarten „Elektronische Tanzmusik“[7]
Erarbeitung • Die Lehrkraft (LK) spielt auf einem Tablet mithilfe verschiedener Apps verschiedene Klänge vor. • Die Schüler schließen die Augen und sollen raten, welches Instrument sie hören. • Im Anschluss zeigt die LK, dass alle Klänge vom Tablet kamen und die Bild- und Wortkarte „Tablet“ wird zum ETM-Schild gelegt.	• Tablet mit Musik-Apps (Sollte kein Tablet verfügbar sein, kann hier auch mit einem Keyboard gearbeitet werden.) • Bild-/Wortkarte „Tablet“[7]
Exploration • Die Schüler bekommen die Möglichkeit auszuprobieren, wie verschiedene Instrumentenklänge am Tablet erzeugt werden. • Sie werden dabei je nach musikalischer Kompetenz auf die verschiedenen Apps verteilt. • Zunächst dürfen die Schüler frei ausprobieren, bevor sie nach Vorgaben (je nach Kompetenz) zum ETM-Song spielen sollen.	• Tablets mit Musik-Apps (sollten keine Tablets verfügbar sein, kann hier auch mit Keyboards gearbeitet werden.) • Computerboxen für die Tablets
Abschluss • Die einzelnen Gruppen stellen ihre Apps vor. • Danach spielen alle ihre Apps zum Lied. • Am Ende wird das Lied eingespielt. • Die Schüler steigen nacheinander dazu ein und spielen dann nach den vorher erarbeiteten Vorgaben gemeinsam zum Lied.	• Tablet mit Musik-Apps • Computerboxen für die Tablets

[7] siehe Anhang B und C

3B Popmusik elementarisiert: Beispiel einer Einheit zur elektronischen Tanzmusik (Stunde 3)

Thema der Stunde: ETM mit dem Tablet spielen

Ziele der Stunde:

Die Schüler …

… erleben das Tablet als Instrument.
… produzieren mit dem Tablet verschiedene Sounds.
… spielen gemeinsam ein Lied mit Tablets.

Stundeninhalt	**Material**
Einstieg • Der ETM-Song wird vorgespielt. • Mit den Schülern wird geklärt, welche Musik gehört wurde. Das ETM-Schild wird in die Kreismitte gelegt. • Das Lied wird noch einmal gehört, diesmal dürfen die Schüler frei dazu tanzen. • Danach wird das Tablet als Instrument wiederholt.	• Lied „Wake Me Up" (Avicii) • Bild-/Wortkarten „Elektronische Tanzmusik"[8] • Bild-/Wortkarten „Tablet"[8]
Erarbeitung • Die Schüler üben einen kleinen Teil des ETM-Songs, damit alle im Anschluss ein Arrangement des Songs gemeinsam mit Tablets spielen können. *Gruppe 1:* • Die Schüler proben mit einer Gitarren-App mit voreingestellten Akkorden (bei „Wake Me Up": Hm, G, D, A). • Ihre Aufgabe ist es, im Rhythmus die App über einen Button auszulösen, während eine Assistenz die Akkorde auswählt. *Gruppe 2:* • Die Schüler proben mit einer Keyboard-App. • Ihre Aufgabe ist es, eine Akkordfolge, die mit Klebepunkten farbig markiert ist, im Rhythmus zu spielen (bei „Wake Me Up": 2× H, 2× G, 2× D, 2× A). *Gruppe 3:* • Die Schüler proben mit einer Drumpad-App. • Ihre Aufgabe ist es, die Bass-Drum und Snare-Drum-Tasten rhythmisch im Wechsel zu drücken.	*Bsp.: Arrangement zu „Wake Me Up":* • Drumpad fängt an • Keyboard dazu • Gitarre dazu • Sänger dazu *Wenn die Sänger fertig sind:* • Gitarre weg • Keyboard weg • Drumpad weg • Instrumentalteil über UK-App + Improvisiation mit X/Y-Pad • Ende • Tablets mit Musik-Apps (Sollten keine Tablets verfügbar sein, kann hier auch mit Keyboards gearbeitet werden.)
Gruppe 4: • Die Schüler spielen mit einer UK-App den Instrumentalteil ein und improvisieren dazu mit einer X/Y-Pad-App.	• Tablets mit UK-Apps (Sollten keine Tablets verfügbar sein, kann hier auch mit Talkern gearbeitet werden.)
Gruppe 5: • Die Sängergruppe übt das Singen des Liedes bzw. einiger Liedteile.	
Abschluss • Alle kommen zusammen und spielen gemeinsam unter Anleitung der Lehrkraft das Lied.	• Computerboxen für die Tablets

[8] siehe Anhang B und C

Thema: Der Bass als charakteristisches Merkmal elektronischer Tanzmusik

Ziele der Stunde:

Die Schüler …

… erfahren den Bass als Merkmal elektronischer Tanzmusik.
… erzeugen auf verschiedenen Instrumenten Basstöne.
… unterscheiden hohe und tiefe Klänge.

Stundeninhalt	Material
Einstieg	
• Der ETM-Song wird vorgespielt und es wird gemeinsam dazu getanzt.	• Lied „Wake Me Up“ (Avicii)
• Die bisherigen charakteristischen Merkmale werden mit Bild-/Wortkarten wiederholt. • Ein Resonanzbrett wird auf eine Bassbox gelegt, um die sich alle Schüler so herumsetzen, dass sie das Resonanzbrett berühren. • Im Anschluss wird das Lied über die Bassbox abgespielt und die Schüler teilen mit, was sie spüren.	• Bild-/Wortkarten „Elektronische Tanzmusik“[9] • Bild-/Wortkarten „Tablet“[9] • Resonanzbrett • Bassbox
• Der Bass wird benannt und eine Bild- und Wortkarte wird mit in die Mitte gelegt.	• Bild-/Wortkarte „Bass“[9]
Erarbeitung	
1. Lernangebot: • Die Schüler erzeugen verschiedene Töne auf dem Keyboard. • Sie unterscheiden hohe und tiefe Klänge. • Die Schüler spielen einzelne Basstöne auf dem Keyboard zum Lied.	• Keyboard + Box
2. Lernangebot: • Die Schüler erzeugen verschiedene Basstöne auf dem E-Bass. • Die Schüler, die gerade nicht spielen, erfühlen den Bass an der angeschlossenen Box. • Die Schüler improvisieren Basstöne auf dem E-Bass zum Lied.	• E-Bassgitarre + Box
3. Lernangebot: • Die Schüler erzeugen verschiedene Basstöne auf einem Tablet. • Die Schüler, die gerade nicht spielen, erfühlen den Bass an der angeschlossenen Box. • Die Schüler improvisieren Basstöne auf dem Tablet zum Lied.	• Tablet mit X/Y-Pad-App + Box
Abschluss • Die drei Gruppen stellen sich ihre Instrumente gegenseitig vor. • Einzelne Schüler spielen ihre Instrumente exemplarisch zum Lied.	• Bild-/Wortkarten „Elektronische Tanzmusik“[9] • Bild-/Wortkarten „Tablet“[9] • Keyboard • E-Bassgitarre • Tablet mit X/Y-Pad-App • Bassbox

[9] siehe Anhang B und C

Thema der Stunde: Zum Abschluss in einem vorbereiteten Clubraum in der Schule feiern

Ziele der Stunde:

Die Schüler ...

... erleben die Atmosphäre eines Clubs.

... erkennen erarbeitete Merkmale wieder.

Stundeninhalt	Material
Einstieg • Die Schüler treffen sich vor dem Club und hören den ETM-Song zur Einstimmung. • Anschließend werden Suchaufträge verteilt: Die Schüler sollen die erarbeiteten Merkmale Tablet, Bass(-Box), Tanz(-Musik) im Club wiedererkennen.	• Lied „Wake Me Up“ (Avicii) • Bild-/Wortkarten „Elektronische Tanzmusik“[10] • Bild-/Wortkarten „Tablet“[10] • Bild-/Wortkarten „Bass“[10]
Arbeitsphase • Die Schüler gehen in den vorbereiteten Clubraum und erkunden ihn. • Gleichzeitig suchen sie entsprechend ihres Auftrages die erarbeiteten Merkmale.	**Vorbereiteter Clubraum:** • Raum mit verschiedenen Lichtanlagen • Bassbox • Tablet • CD mit ETM-Bild • Lagerungsmöglichkeiten (Insbesondere ein Snoozelraum eignet sich dafür gut.)
Abschluss • Wenn alles gefunden wurde, wird ein Schüler zum DJ und spielt einige ETM-Songs über das Tablet ein. • Alle Schüler tanzen und feiern.	• ETM-Songs

[10] siehe Anhang B und C

Charakteristische Merkmale von Rapmusik

- Gesangstechnik: Sprechgesang („Rappen“)
- Sound: Beat, Rhythmus
- Instrumente: Rhythmusinstrumente
- Rapsprache

Mögliche Kompetenzen/Ziele, die in der Unterrichtseinheit angestrebt werden können

Die Schüler …

… erleben Rapmusik und die dazugehörigen charakteristischen Merkmale Sprechgesang (Rappen) und Beat.

… nutzen Rhythmusinstrumente und erzeugen damit Rhythmen.

… sprechen oder lautieren rhythmisch (z. T. mit UK-Medien).

… spielen gemeinsam einen Rap mit Beat und Sprechgesang.

… untersuchen Raptexte.

Passende Lieder

- Cro – Einmal um die Welt
- Die Fantastischen 4 – Ernten, was wir säen
- Sido & Andreas Bourani – Astronaut

Mögliche Aktivitäten

basal-perzeptiv	konkret-gegen-ständlich	anschaulich	begrifflich-abstrakt
• Rhythmus-instrumente mit Assistenz spielen • einen Beat mit Assistenz spielen und spüren • mit UK-Medien „rappen“ • Rapmusik hören	• Rhythmus-instrumente erproben • einen einfachen Beat spielen • kurze Rap-Phrasen zu einem Beat „rappen“ • zu einem Rap einen Beat spielen	• einen Beat nach Bildsymbolen spielen • Rapelementen Bildsymbole zuordnen	• Rapelementen Wortkarten zuordnen • einen Raptext lesen und „rappen“ • Rapsprache diskutieren

Thema der Stunde: Einführung in die Rapmusik

Ziele der Stunde:

Die Schüler …

… hören und erleben Rapmusik.

… spielen/erleben verschiedene Rhythmusinstrumente.

… erzeugen/erleben Beats zu einem Liedbeispiel.

Stundeninhalt	Material
Einstieg • Der Rapsong wird vorgespielt. • Es wird mit den Schülern geklärt, welche Musik gehört wurde. Die Rapmütze wird als Symbol in die Mitte gelegt. • Im Anschluss wird sich mit einem Begrüßungsrap eingestimmt.	• Lied „Einmal um die Welt“ (Cro) • Rapmütze (Snapback-Cap) • Begrüßungsrap mit Call and response Bsp.: „We Will Rock You“-Beat Klatschen + Text: Hallo Leute – *Hallo Leute* – Alle da? – *Alle da* – Wir machen jetzt Rapmusik – *Wir machen jetzt Rapmusik* – Ist doch klar – *Ist doch klar*
Erarbeitung • Die Schüler spielen an verschiedenen Stationen mit Rhythmusinstrumenten einen Beat zum Rapsong. • Die Stationen sind im Raum verteilt, sodass die Schüler sich nicht gegenseitig behindern, sie aber die anderen noch hören. • Parallel zu jedem Durchgang läuft das Lied, sodass die Schüler zum Lied einen gemeinsamen Beat produzieren. • Nach einem Durchgang wird gewechselt.	
Resonanzbrettstation: • Die Schüler sitzen um das Resonanzbrett, das auf ihren Beinen liegt. • Sie klopfen auf das Resonanzbrett und erzeugen so einen Beat. • Mit Unterstützung (Zählen) spielen sie einen Achtel-grundschlag zum Lied.	• Resonanzbrett
Congastation: • Jeder Schüler bekommt eine Conga. • Die Schüler trommeln möglichst eigenständig zum Lied. • Mit Unterstützung wird hier der Grundschlag (das Metrum) getrommelt.	• Congas
Cajonstation: • Jeder Schüler bekommt eine Cajon. • Die Schüler trommeln möglichst eigenständig zum Lied. • Mit Unterstützung wird ein einfacher Rhythmus (Bsp.: 1 und 2) gespielt.	• Cajones
Abschluss • Die Schüler benennen noch einmal den Inhalt der Stunde, der mit einer Bild- und Wortkarte dargestellt wird. • Zum Abschluss spielen einzelne Schüler exemplarisch einen Beat.	• Bild-/Wortkarte „Beat“[11]

[11] siehe Anhang B und C

Thema der Stunde: Das Rappen

Ziele der Stunde:

Die Schüler …

… hören und erleben Rapmusik.

… sprechen oder lautieren rhythmisch.

… nutzen UK-Medien zum Musizieren.

Stundeninhalt	Material
Einstieg • Der Rapsong wird vorgespielt. • Anschließend wird mit den Schülern geklärt, welche Musik gehört wurde. Die Rapmütze wird als Symbol in die Mitte gelegt. • Im Anschluss wird sich mit einem Begrüßungsrap eingestimmt. • Danach wird der Inhalt der letzten Stunde wiederholt und der neue Inhalt eingeleitet.	• Lied „Einmal um die Welt“ (Cro) • Rapmütze (Snapback-Cap) • Bild-/Wortkarten „Beat“[12]
Erarbeitung • Die Lehrkraft (LK) zieht die Rapmütze auf und macht das Rappen einer kurzen Phrase aus dem Lied vor, während eine Instrumentalversion des Songs läuft. • Anschließend kommen nacheinander alle Schüler einzeln vor die Gruppe. • Sie ziehen die Rapmütze auf und rappen eine kurze Phrase mit oder ohne Unterstützung, während eine Instrumentalversion des Songs läuft. • Die LK unterstützt, indem sie je nach Kompetenz der Schüler einzelne Phrasen vorgibt oder mitrappt. • Nichtsprechende Schüler nutzen dazu UK-Medien oder lautieren. • Falls Schüler nicht alleine rappen wollen, können sie auch in Duos rappen. • Alle Schüler werden für ihre Leistung mit Applaus gewürdigt.	• Rapmütze (Snapback-Cap) (Die Mütze wird aufgezogen, um den Unterschied zum Singen für die Schüler deutlicher zu machen.) • Mikrofon + Box • Instrumentalversion des Songs (Falls keine verfügbar ist, können die anderen Schüler auch einen Beat klatschen.) • Talker oder Tablets mit UK-Apps
Abschluss • Die Schüler benennen noch einmal den Inhalt der Stunde, der mit einer Bild- und Wortkarte dargestellt wird. • Zum Abschluss rappen einzelne Schüler exemplarisch.	• Bild-/Wortkarte „Rappen“[12]

[12] siehe Anhang B und C

Thema der Stunde: Zum Abschluss gemeinsam Rapmusik machen

Ziele der Stunde:

Die Schüler …

… erkennen das „Rappen“ und den „Beat“ als charakteristische Merkmale von Rapmusik wieder.

… gestalten gemeinsam einen „Beat“ zu Rapmusik.

… gestalten gemeinsam mit dem Element „Rappen“ Rapmusik.

Stundeninhalt	Material
Einstieg • Der Rapsong wird vorgespielt. • Anschließend wird mit den Schülern geklärt, welche Musik gehört wurde. Die Rapmütze wird als Symbol in die Mitte gelegt. • Im Anschluss wird sich mit einem Begrüßungsrap eingestimmt.	• Lied „Einmal um die Welt“ (Cro) • Rapmütze (Snapback-Cap)
Erarbeitung *1. Lernangebot:* • Die Schüler erproben frei das Cajon als Rhythmusinstrument zum Lied. • Die Schüler üben einzeln das Spielen von Rhythmen zum Lied (Bsp.: Grundschlag mit Vierteln oder Grundschlag mit Achteln). • Die Schüler spielen die Rhythmen gemeinsam zum Lied. • Je nach Kompetenz kann hier nur ein Rhythmus gespielt werden oder mehrere Rhythmen kombiniert werden.	• Cajones (oder andere Rhythmusinstrumente)
2. Lernangebot: • Die Schüler erproben das Rappen verschiedener Rapphrasen. • Jeder der Schüler bekommt einen Rapteil und die Schüler üben, ihre Rapteile nacheinander zu rappen. • Die Schüler rappen gemeinsam zum Lied, während die Lehrkraft (LK) dirigiert, indem sie dem Rappenden immer die Rapmütze aufsetzt.	• Talker oder Tablets mit UK-Apps + verschiedenen Rapteilen • Box mit Mikro und Mütze
Abschluss • Die Schüler treffen sich in zwei Reihen – Gruppe 1 und 2 sitzen sich dabei gegenüber. • Die LK fordert einzelne Schüler auf, den anderen vorzustellen, was in den Gruppen gemacht wurde. • Beide Gruppen spielen ihren Part gemeinsam zur Instrumentalversion des Liedes.	

Musikunterricht sollte jederzeit nicht nur handlungs-, sondern auch **produktionsorientiert** sein (vgl. Biegholt 2013).

Gerade für Schüler mit geistiger und mehrfacher Beeinträchtigung ist ein langfristig angelegtes Projekt eine sinnvolle Möglichkeit, um an musikalischen, sozialen und personalen Kompetenzen zu arbeiten (vgl. Pitsch & Thümmel 2015). Dabei steht nicht das mehr oder weniger gelungene Endergebnis im Vordergrund, sondern der Weg, den die Schüler bis dahin geleistet haben.

Popmusik eignet sich vor allem aus den bereits am Anfang genannten Gründen sehr gut, um Grundlage eines solchen Projektes zu sein. Zusätzlich bietet sie sich aufgrund ihrer meist recht einfachen Harmonik und Liedstruktur zum gemeinsamen Musizieren, aber auch für einfache Tanzchoreografien an. Außerdem lässt sich Popmusik so auch relativ einfach selbst entwickeln.

Voraussetzung für solche Projekte ist **ausreichend Zeit.** Es ist wichtig, dass Sie die Schüler am Anfang langsam an das Projekt heranführen, genau schauen, wo Talente liegen, und dementsprechend das Projekt zu planen.

Außerdem sollten Sie für **Proben** genug Zeit einräumen. Gerade Schüler mit geistiger und mehrfacher Beeinträchtigung benötigen ausreichend Wiederholung, um ihren Anteil am Gesamtwerk zu erkennen und dann abrufen zu können.

Eine möglichst hohe **Eigenaktivität** der Schüler sollte dabei immer das Ziel sein. Dies bedeutet, dass eine passende Differenzierung innerhalb der Anforderungen des Projektes geschaffen werden muss, die es allen erlaubt, ihre individuellen Fähigkeiten einzubringen, sich selbst zu verwirklichen bzw. einfach kreativ zu sein.

Zusätzlich sollten Sie darauf achten, die Schüler möglichst in **alle Phasen des Projekts** einzubeziehen. Dazu gehören die Musik-/Liedauswahl, die Planung und die Proben, die Umsetzung auf der Bühne und die Reflexion des Prozesses im Unterricht danach.

Am Ende des Projekts sollte immer ein **Produkt** stehen. Dies kann eine CD, ein Auftritt vor den Eltern oder anderen Schülern oder die Teilnahme an einer Schulaufführung sein.

Gerade für geistig und mehrfachbeeinträchtigte Schüler ist eine direkte Rückmeldung wichtig, um ihre Leistungen deutlich zu erkennen. Der direkte Applaus nach einer gelungenen Aufführung lässt sich dabei durch nichts übertreffen.

Solche Projekte benötigen viel Arbeit und viel Vorbereitungsaufwand. Dennoch ist es wichtig, diese immer wieder, am besten regelmäßig, in den Verlauf eines Schuljahres einzubauen, da die Lern- und Entwicklungschancen innerhalb dieser Unterrichtsform für die Schüler enorm sein können.

Im Folgenden werden deshalb Tipps und Anregungen zur Umsetzung solcher Projekte gegeben, die dann an konkreten Beispielen verdeutlicht werden.

Gemeinsames Musizieren ist ein komplexes Geschehen. Es gilt, Rhythmik, Harmonik und Melodik in Einklang miteinander zu bringen und eventuell noch mit einem Text zu verbinden.

Dennoch ist Musikmachen etwas, das jeder Mensch beherrscht. Musik ist voraussetzungslos und somit lässt sich auch der komplexe Vorgang, gemeinsam zu musizieren, so elementar gestalten, dass es für jeden möglich wird. Das Einzige, was es dafür braucht, ist der Mut, es auszuprobieren.

Bedeutung des gemeinsamen Musizierens

Die gemeinsame musikalische Aktivität stellt den Kern des Musikunterrichts dar, von dem aus die Schüler ihr Wissen und ihre Kompetenz erweitern und vertiefen sollen. Es geht hier darum, den abstrakten Gegenstand Musik durch konkretes Handeln, das Musizieren, erlebbar zu machen (vgl. Probst, Schuchhardt & Steinmann 2006). Dabei ist gleichzeitig die Erweiterung der eigenen musikpraktischen Kompetenz im Musizieren ein intendiertes Ziel.

Zum Musizieren können sowohl sämtliche Möglichkeiten, die der eigene Körper bietet, z. B. Stimme oder Körperpercussion, genutzt werden als auch verschiedenste andere Materialien bis hin zu Musikinstrumenten. Die Schüler sollen hier Spiel- und Singtechniken kennenlernen und erproben können, um dadurch verstärkt am Kulturgut Musik teilhaben zu können. Außerdem geht es auch um das gemeinsame Handeln. Beim gemeinsamen Musizieren muss man aufeinander achten, sich gegenseitig unterstützen und somit als Team arbeiten. Hierbei wird die Entwicklung sozialer Kompetenzen gefördert (vgl. Biegholdt 2013). Außerdem fördert das gemeinsame Musizieren die Wahrnehmungs-, Ausdrucks- und Kommunikationsfähigkeit und emotionale Kompetenz (vgl. Schwaighofer 2015). Hier zeigt sich noch mal die große Bedeutung dieses Handlungsfeldes für Schüler mit geistiger und mehrfacher Beeinträchtigung.

Liedauswahl

Popsongs zeichnen sich häufig durch ihre einfache Struktur aus. Außerdem werden oftmals nur wenige Akkorde sowie ein einfacher Rhythmus zur Begleitung verwendet. Aus diesem Grund eignen sich Popsongs besonders gut für das Nachspielen mit Schülern.

Zum Musizieren mit Schülern mit wenigen bis gar keinen musikalischen Vorkenntnissen eignen sich vor allem Lieder mit einer zweigeteilten (Strophe, Refrain) oder maximal dreigeteilten (Strophe, Refrain, Bridge) Struktur. Zusätzlich sollten die Lieder aus einer Begleitung mit maximal drei bis vier Akkorden bestehen, die sich idealerweise immer in der gleichen Reihenfolge wiederholen. Beispiele dafür sind „Let It Be" von den Beatles, „Wake Me Up" von Avicii oder „Tage wie diese" von den Toten Hosen.

Liedarrangement

Nachdem ein Lied ausgewählt wurde, gilt es, dieses an die individuellen Kompetenzen der Schüler sowie der beteiligten Erwachsenen anzupassen.

Dies bedeutet, dass zunächst untersucht werden sollte, welche Liedteile, Melodien, harmonischen Elemente etc. besonders hervorstechen. Diese sollten auch im späteren Arrangement erhalten bleiben. Weit weniger relevante Aspekte sollten dagegen eher gekürzt oder weggelassen werden (Bsp.: nur Strophe und Refrain ohne Bridge). Dazu kann es auch nötig sein, die Tonart zu transponieren, sie also zu ändern.

Es hat sich in der Praxis als sinnvoll erwiesen, eine auf- und abbauende Struktur für das Lied zu wählen. Dies bedeutet, dass zunächst der Grundschlag anfängt und dann nacheinander die weiteren Instrumente hinzukommen, bis alle zusammen spielen und singen und das Arrangement dann nach und nach wieder abgebaut wird. Diese Struktur ermöglicht es allen Beteiligten, sich leichter im Lied zu orientieren, und gibt allen Schülern die Möglichkeit, mit ihrem Instrument zumindest kurz im Fokus zu stehen. Ergänzt werden kann dies um kurze Soli, beispielsweise als Intro oder Outro oder auch in Form eines Zwischenspiels, falls man zweimal auf- und abbaut.

Diese Struktur kann auch für die Schüler visualisiert werden, um ihnen ihre Position im Arrangement zu verdeutlichen bzw. damit sie erkennen, an welcher Stelle sie ein- und aussetzen müssen. Dazu können auch Bildsymbole verwendet werden.

Beispiel

+	–
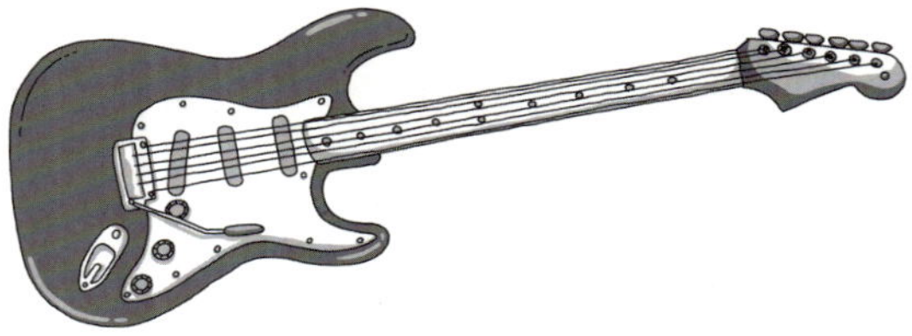	

	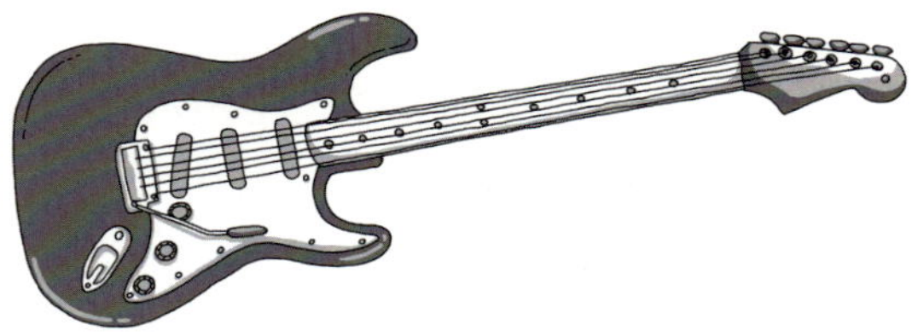

Instrumentenauswahl

In der Popmusik werden viele verschiedene Instrumente genutzt. Im Folgenden werden deshalb einige davon vorgestellt, sowie Möglichkeiten genannt, wie diese sinnvoll für das Musizieren mit geistig und mehrfachbeeinträchtigen Schülern genutzt werden können.

E-Gitarre

Gitarren gehören zu den klassischen Instrumenten populärer Musik und sollten deshalb auch für das Musizieren im Unterricht genutzt werden. Dabei können sowohl akustische als auch elektronische Gitarren verwendet werden.

Gitarren eignen sich vor allem für eine Akkordbegleitung. Das Anschlagen eines Akkordes benötigt relativ geringe motorische Fähigkeiten, während das gezielte Spielen einzelner Saiten bereits hohe feinmotorische Kompetenz erfordert. Da das gleichzeitige Anschlagen und

Greifen eines Akkordes eine hohe Schwierigkeit darstellt, kann hier mit Assistenz gearbeitet werden. Das bedeutet, dass der Schüler den Akkord anschlägt, den eine andere Person greift, oder mit einer offenen Stimmung gearbeitet wird.

Offene Stimmung bedeutet, dass anstatt der üblichen Gitarrenstimmung (E-A-D-G-H-E) die Gitarre so gestimmt wird, dass beim Anschlagen ohne weiteres Greifen ein Akkord erklingt (Bsp.: D-Dur, Akkord/Stimmung: D-A-D-Fis-A-D). So kann ein Schüler relativ eigenständig ein Lied mit einem Akkord begleiten.

Falls mehrere Akkorde verwendet werden müssen, sollten entweder mehrere Gitarren, die auf die Akkorde gestimmt sind und sich abwechseln, genutzt, oder ein Kapodaster verwendet werden. Durch die Positionierung des Kapodasters am Griffbrett kann dann auch der Akkord verändert werden.

Bassgitarre

Für Bassgitarren gelten prinzipiell die gleichen Hinweise wie für E-Gitarren.

Allerdings bieten sich diese eher für das Spielen einzelner Saiten als für das Spielen von Akkorden an. Bassgitarren sind daher eher für Schüler geeignet, die über die entsprechende Feinmotorik verfügen. Dann können sie gut genutzt werden, um eine Bassfigur für einen Popsong zu spielen. Dies gilt insbesondere für Lieder, die aus vier gleich bleibenden Akkorden bestehen. Hier können die vier Saiten der Bassgitarre auf die vier Grundtöne der Akkorde, aus denen das Lied besteht, gestimmt werden, die dann im Rhythmus der Reihe nach angeschlagen werden.

Bsp.: Akkordfolge: G-D-Em-C – Stimmung der Bassgitarre: C-E-D-G (anstatt E-A-D-G). Die Bassgitarrensaiten werden dann von unten nach oben gespielt.

Schlagzeug

Ein Schlagzeug ist eine Kombination aus verschiedenen Trommeln und Becken und sollte dementsprechend auch als diese betrachtet werden. Somit ist ein Schlagzeug nicht ein einziges Instrument, das von einer Person gespielt wird, sondern kann in seine einzelnen Elemente zerlegt und von verschiedenen Personen gespielt werden.

Die Base-Drum kann z. B. von einem Schüler gespielt werden, der damit während des Liedes kontinuierlich das Metrum vorgibt. Alternativ zur Base-Drum kann auch das große Tom-Tom genutzt werden, falls die Schüler ihren Fuß nicht einsetzen können.

Ergänzt werden kann die Base-Drum um die Snare-Drum. Typisch für Popmusik ist ein Wechsel von Base-Drum auf Snare-Drum im Grundschlag, wobei die Base-Drum auf die Zählzeiten 1 und 3 und die Snare-Drum auf die Zählzeiten 2 und 4 gespielt wird. Dies kann ein Schüler alleine machen, es kann aber auch auf zwei Schüler aufgeteilt werden. Zusätzlich kann ein weiterer Schüler das Hi-Hat spielen. In der Popmusik wird darauf typischerweise der Grundschlag auf alle vier Zählzeiten gespielt oder auch ein doppelt so schneller Rhythmus.

Die anderen Elemente des Schlagzeugs (z. B. Becken) können dann für Soli oder zum Kenntlichmachen besonderer Stellen im Lied (Bsp.: Wechsel eines Liedteils zum nächsten) genutzt und ggf. auch von weiteren Personen gespielt werden.

Keyboard

Je nach Konfiguration bietet ein Keyboard viele verschiedene Möglichkeiten. Es bedarf jedoch einiger feinmotorischer Fähigkeiten, eine Taste gezielt zu spielen, weshalb sich das Keyboard nicht für alle Schüler eignet.

Sind die Schüler dazu in der Lage, können damit einzelne kurze Soli, kleine Melodien oder Ähnliches gespielt werden. Außerdem können analog zur Bassgitarre einfache Bassfiguren gespielt werden. Dazu bietet es sich an, die zu spielenden Tasten mit Farbpunkten zu markieren oder bei Schülern, die Buchstaben lesen können, mit dem Tonnamen zu beschriften. Bei Bassfiguren ist es sinnvoll, die Töne so auszuwählen, dass die Schüler sie in einer Reihe nacheinander spielen können.

Bei Keyboards mit Akkordbegleitfunktion kann so auch leicht eine Akkordbegleitung gespielt werden. Ohne eine solche Funktion kann dies mit zwei bis drei Keyboards geleistet werden. Dazu werden die Akkorde in ihre Einzeltöne zerlegt (Bsp.: D-Dur: D-Fis-A), diese auf die Keyboards verteilt und parallel gespielt.

Tablets

Der Vorteil von Tablets gegenüber klassischen Instrumenten ist, dass viele Apps ein exploratives Musikmachen ermöglichen.

Die intuitive Bedienung und die häufig einfache Gestaltung vieler Apps erlauben in der Regel ein relativ voraussetzungsloses Musizieren, wodurch das iPad insbesondere für Menschen ohne Vorerfahrungen im aktiven Musizieren geeignet ist.

Es lassen sich drei Arten von Apps, die zum Musikmachen geeignet sind, identifizieren:

- *X/Y-Pad-Apps:* Dies sind Apps, die in der Regel zum freien Improvisieren genutzt werden können. Die Apps sind meist in Form eines X/Y-Koordinatensystems aufgebaut, wobei die X-Achse die Tonhöhe darstellt und die Y-Achse die Tonlautstärke. Dabei werden Töne erzeugt, indem das Display an irgendeiner Stelle berührt wird. Diese Apps sind motorisch relativ voraussetzungslos und benötigen keine musikalischen Vorkenntnisse, da hier häufig der spielbare Tonumfang voreingestellt werden kann. Sie eignen sich als Hintergrundbegleitung oder auch für Soli.
- *UK-Apps:* UK-Apps bieten in der Regel die Möglichkeit, etwas aufzunehmen, das dann zu einem späteren Zeitpunkt abgespielt werden kann. Dies kann auch zum Musizieren genutzt werden. Beispielsweise können damit Soli eingespielt werden oder Zwischenspiele, die zu kompliziert zum Selberspielen wären. Auch können damit Gesangsparts ausgelöst werden. Alternativ können hier auch klassische Talker genutzt werden, diese haben aber eine deutlich schlechtere Tonqualität.
- *Instrumenten-Apps:* Diese Apps simulieren reale Instrumente. Der Vorteil hier ist, dass sich der Tonumfang oder auch die Komplexität des Anspielens häufig reduzieren lässt, wodurch es für einige Schüler einfacher sein kann, diese Apps anstelle des realen Instruments zu nutzen.

Insgesamt ist beim Einsatz von Tablets zu beachten, dass immer zusätzliche Verstärkungsmöglichkeiten benötigt werden, da die eigene Lautstärke der Geräte nicht ausreicht (vgl. Loscher 2016).

Liedstruktur: Intro – Strophe – Refrain – Strophe – Refrain – Outro

Akkordfolge[13]***:*** es-Moll – Ces-Dur – Ges-Dur – Des-Dur

Zentrale Elemente: Saxofonphrase / Abwechslung von Gesang und Instrumentalspiel

Arrangement:[14]

Liedstruktur: Intro – Strophe – Outro

Geänderte[15] ***Akkordfolge:*** e-Moll, C-Dur, G-Dur, D-Dur

Instrumente:

- Schlagzeug
- Tom-Tom + Snare-Drum: Grundbeat auf die Viertel
- Hi-Hat: Grundbeat auf die Achtel
- Bassgitarre: Stimmung: D-G-C-E – jede Saite wird von unten nach oben nacheinander 4-mal gespielt
- Keyboard 1: Markierte Töne: d2, c2, h1, a1 – die Töne werden nacheinander 1-mal angeschlagen (Ganztöne)
- Keyboard 2 (Basstöne): Markierte Töne: e, C, G, D – jede Taste wird nacheinander 4-mal gespielt
- Keyboard 3: Markierte Töne: g2, e2, h1, f#1 – Jede Taste wird nacheinander 4-mal gespielt.
- Tablet 1 mit UK-App: spielt an der entsprechenden Stelle im Arrangement den aufgenommenen Gesangsteil der Strophe als Solo ein.
- Tablet 2 mit UK-App: spielt wiederholt die aufgenommene Saxofonphrase ab
- Tablet 3 mit UK-App: spielt wiederholt den aufgesungenen Satz: „Sun Goes Down“ ab
- Becken: zeigt an den entsprechenden Stellen den Anfang und das Ende von Liedteilen an

[13] Akkordfolge: Abfolge von Akkorden, die immer in gleicher Weise und in gleicher Reihenfolge fortlaufend während eines Liedes gespielt wird
[14] Arrangement: eine an Instrumente und Fähigkeiten angepasste Version eines Liedes
[15] Die Akkordfolge wurde hier geändert (um einen Halbton herabgesetzt), um sie leichter spielbar zu machen.

Ablauf

Intro
Aufbau: Die einzelnen Instrumente kommen jeweils nach einer Akkordfolge dazu.
Becken
+ Bassgitarre
+ Schlagzeug
+ Keyboard 2
+ Keyboard 3
+ Keyboard 1
+ Tablet 2 (spielt ca. 5-mal)
Abbau: Die einzelnen Instrumente hören nach jeweils einer Akkordfolge auf.
Tablet 2
Keyboard 1
Keyboard 3
Keyboard 2
Schlagzeug
Bassgitarre
Becken

Strophe
Tablet 1

Outro
Aufbau: Die einzelnen Instrumente kommen jeweils nach einer Akkordfolge dazu.
Becken
+ Bassgitarre
+ Schlagzeug
+ Keyboard 2
+ Keyboard 3
+ Keyboard 1
+ Tablet 2 (spielt ca. 5-mal)
+ Tablet 3
Abbau: Die einzelnen Instrumente hören nach jeweils einer Akkordfolge auf.
Tablet 2
Keyboard 1
Keyboard 3
Keyboard 2
Schlagzeug
Bassgitarre
Becken
Ende: (1x) Tablet 3

Liedstruktur: Refrain – Intro – Strophe 1 – Refrain – Strophe 2 – Zwischenspiel 1 – Strophe 1 – Refrain – Zwischenspiel 2 – 2× Strophe 2 – Refrain

Akkordfolge: a-Moll – F-Dur – C-Dur – G-Dur

Zentrale Elemente: „Jodeln“ / Abwechseln von „Jodeln“ und Gesang

Arrangement:

Liedstruktur: Intro – Refrain – Strophe 1 – Refrain

Tonart: a-Moll bleibt erhalten

Instrumente:

- Schlagzeug
- Tom-Tom + Snare-Drum: Grundbeat auf die Viertel
- Hi-Hat: Grundbeat auf die Achtel
- Keyboard 1 (Basstöne): markierte Töne: a, f, C, G – jede Taste wird nacheinander 4-mal gespielt
- Keyboard 2: markierte Töne: c2, a1, e1, h – jede Taste wird nacheinander 4-mal gespielt
- Keyboard 3: markierte Töne: e2, c2, g1, d1 – jede Taste wird nacheinander 4-mal gespielt
- Mikrofon: zum Singen des „Jodelns“ (Refrain)
- Tablet 1 mit X/Y-Pad-App mit Trompetenklang: improvisiert frei Trompetenklänge als Intro und als Begleitung; dies passt gut zu der Schlagermusik
- Tablet 2 mit UK-App: spielt die aufgenommene Strophe als Solo ein

Ergänzend kann von einem Erwachsenen noch Gitarre gespielt werden. Dadurch wird der Klang abgerundet und es klingt noch mehr nach dem Original.

Ablauf

Intro
Tablet 1

Refrain
Aufbauen: Die einzelnen Instrumente kommen jeweils nach zwei Akkordfolgen dazu.
Gesang
+ Schlagzeug
+ Keyboard 1
+ Keyboard 2
+ Keyboard 3
+ Tablet 1 (spielt ca. vier Akkordfolgen lang)
Abbau: Die einzelnen Instrumente hören nach jeweils zwei Akkordfolgen auf.
- Tablet 1
- Keyboard 3
- Keyboard 2
- Keyboard 1
- Schlagzeug
Ende: Alle jodeln einmal den Refrain.

Intro
Tablet 2

Refrain
Aufbauen: Die einzelnen Instrumente kommen jeweils nach zwei Akkordfolgen dazu.
Gesang
+ Schlagzeug
+ Keyboard 1
+ Keyboard 2
+ Keyboard 3 (spielt 3x)
Abbau: Die einzelnen Instrumente hören nach jeweils zwei Akkordfolgen auf.
Keyboard 3
Keyboard 2
Keyboard 1
Schlagzeug
Gesang

Liedstruktur: Intro – Strophe 1 – Refrain – Instrumentalteil – Strophe 2 – Refrain – Instrumentalteil

Akkordfolge Strophe: h-Moll – G-Dur – D-Dur

Akkordfolge Refrain & Instrumentalteil: h-Moll – G-Dur – D-Dur – A-Dur

Zentrale Elemente: Gitarrenbegleitung / Abwechseln von Gesangs- und Instrumentalteil

Arrangement:

Liedstruktur: Intro – Refrain – Instrumentalteil – Refrain – Instrumentalteil

Akkordfolge Refrain: h-Moll – G-Dur – D-Dur – A-Dur

Instrumente:

- Schlagzeug
- Tom-Tom + Snare-Drum: Grundbeat auf die Viertel
- Hi-Hat: Grundbeat auf die Achtel
- Keyboard (Basstöne): Markierte Töne: h, g, d, A –jede Taste wird nacheinander 2-mal gespielt
- Mikrofon: zum Singen des Refrains
- Gitarre: normale Stimmung, Schüler schlägt an und Erwachsener greift (Alternativ kann auch ein Tablet mit Gitarren-App verwendet werden.)
- Tablet 1 mit X/Y-Pad-App: improvisiert frei ein elektronisches Intro und später zum Refrain (passt gut zu ETM)
- Tablet 2 mit UK-App: spielt den aufgenommenen Instrumentalteil ein
- Becken: markiert den Anfang des Instrumentalteils

Ergänzend kann darüber nachgedacht werden, zum Instrumentalteil eine kleine Choreografie zu entwickeln. Beispiel: Alle Schüler haben Cheerleaderpuschel und bewegen diese zur Musik.

4E Mit Schülern musizieren: Unterrichtsbeispiel zu „Wake Me Up“ von Avicii (2)

Ablauf

Intro	Refrain	Instrumentalteil	Refrain	Instrumentalteil
Tablet 1	Aufbauen: Die einzelnen Instrumente kommen jeweils nach einer Akkordfolge dazu.	Becken (nach dem Ende des Gesanges)	Aufbauen: Die einzelnen Instrumente kommen jeweils nach einer Akkordfolge dazu.	Becken (nach dem Ende des Gesanges)
	Gitarre	Tablet 2	Gitarre	Tablet 2
	+ Schlagzeug		+ Schlagzeug	
	+ Keyboard		+ Keyboard	
	+ Gesang		+ Gesang	
			+ Tablet 1	

Die praktische Umsetzung eines Tanzes mit Schülern mit geistiger und mehrfacher Beeinträchtigung birgt viel weniger Herausforderungen als vielleicht vermutet. Die Unsicherheit aufgrund fehlender Vorerfahrungen oder Kenntnisse ist fehl am Platz – Tanzen in der schulischen Praxis lässt sich mit einfachen Mitteln und mit allen Altersgruppen umsetzen. Denn vor allem eines ist sicher: Tanzen macht Spaß!

Bedeutung von „Musik und Tanz"

Die „Fähigkeit und [das] Bedürfnis, sich zu Musik tänzerisch und spielerisch zu bewegen, [gehören] zu den elementaren kreativen Möglichkeiten des Menschen" (BSfUK 2003, 303). Auch die positiven Folgen der Begegnung mit Musik und Tanz machen die Bildsamkeit dieses Lernfeldes deutlich:

- Förderung der Selbstwahrnehmung
- Erweiterung der Sinneswahrnehmungen
- Eröffnung des Zugangs zu Ausdrucksformen der eigenen Gedanken und Emotionen
- Ermöglichung eines eigenen Zugangs zur Welt
- Stärkung der gesamten Persönlichkeit

Darüber hinaus ist zu beachten, dass das Erleben von Musik vor allem bei jungen Menschen oftmals mit dem Tanzen verbunden ist. Außerdem begegnet man dem Tanzen vielerorts und kann sich mit und durch dieses in die Gesellschaft integrieren. Schließlich kann das Tanzen einen guten Kontrast zu den bewegungsärmeren Unterrichtsfächern bieten.

Lernziele

Beim Tanzen werden Lernprozesse in verschiedenen Bereichen der Entwicklung in Gang gesetzt. In Anlehnung an Müller (1992, 11) lassen sich drei Kategorien bilden, welche nachfolgend dargestellt und durch Ziele des Hessischen Instituts für Lehrerfortbildung (1980, 1) und der Richtlinien für Unterricht und Erziehung im Förderschwerpunkt geistige Entwicklung (HKM 2013, 31 f.) ergänzt werden.

1. Musikbezogene Lernziele

- Freude am Umgang mit Musik
- Einlassen auf Musik für einen bestimmten Zeitraum
- differenzierte Wahrnehmung von Musik
- Erfahrungen von Rhythmen
- Aufgeschlossenheit gegenüber Musik verschiedener Genres und Stile
- Fähigkeit der Verbalisierung und Reflexion musikalischer Erfahrungen
- Fähigkeit, differenzierte musikalische Entscheidungen zu treffen
- Kennenlernen des Tanzes als Möglichkeit der Freizeitgestaltung

2. Soziale Lernziele

- Verlieren der Scheu, sich vor anderen zu bewegen
- Entwicklung von Kontaktfreude und sozialer Sensibilität
- Entwicklung von Selbstvertrauen
- Entwicklung der Fähigkeit zur Kooperation
- Erfahrung des Tanzes als Möglichkeit der Selbstdarstellung
- Ausdrücken von Stimmungen und Gefühlen durch Tanz
- Entwicklung von Ausdrucks- und Kontaktfähigkeit

3. Bewegungsbezogene Lernziele

- Entwicklung und Förderung des Körperbewusstseins
- Verfügen über und Gestaltung von Bewegungsabläufen
- Bewegungsabläufe im Gedächtnis behalten, vorausplanen und in Beziehung zur Musik setzen können

Methodische Tipps

Für die Erarbeitung und Umsetzung einer Tanzchoreografie mit und für Schüler ist es wichtig, u. a. folgende methodische Hinweise zu berücksichtigen.

- Der **Spaß** sollte stets **im Mittelpunkt** stehen. Übermäßiges Üben, komplexe Schrittfolgen oder viele Positions-/Figurenwechsel können dem entgegenwirken und sollten deshalb vermieden werden.
- Die **Bewegungsvoraussetzungen der Lernenden** sollten bei der Auswahl der Bewegungen berücksichtigt werden. Ebenso sollten Figuren und Schritte aus bekannten Bewegungen entwickelt bzw. wiederholt werden. Anknüpfen sollten die Schritte dabei an die Grundbewegungsarten Gehen, Laufen und Hüpfen. Außerdem können Tanzschritte auf die Bewegung weniger Körperteile reduziert werden. Beispielsweise sollten in einem Takt Arme und Beine nicht gleichzeitig agieren, sondern hintereinander.
- Ein hohes Tempo des Musikstücks erhöht auch die Geschwindigkeit der Schrittausführung und damit den Schwierigkeitsgrad. Deshalb sollte die Musik an die Voraussetzungen der Schüler angepasst und **Musik mit einem angemessenen Tempo** ausgewählt werden.
- Bei der Entwicklung und Durchführung einer Choreografie zu einem ausgewählten Lied ist es wichtig, dass sich die Tänzer **mit der Musik vertraut machen**. Dazu bietet es sich an, die Musik zunächst gemeinsam zu hören. Hierbei können der Rhythmus und der Verlauf des Liedes erfahren werden.
- Bei der Einführung neuer Schrittkombinationen sollten **die einzelnen Bewegungsteile zunächst separat eingeübt werden**. Anschließend werden mehrere Bewegungselemente kombiniert geübt. Diese Vorgehensweise ermöglicht eine Verinnerlichung der einzelnen Schritte sowie die Reihenfolge dieser in der späteren Gesamtchoreografie.

- Beim Einüben neuer Tanzschritte sollten diese **zunächst ohne Musik** geübt werden. Dazu macht der Lehrer die Schritte langsam vor und die Lernenden machen sie nach. Hierbei sollte ausreichend Zeit eingeplant werden. **Anschließend werden die Schritte zur Musik getanzt**.
- Zur Festigung der Tanzschritte sind außerdem **genügend Wiederholungen** notwendig. Die Anzahl der Wiederholungen hängt davon ab, wie schnell die Schüler die Tanzschritte erlernen und umsetzen. Stellt der Lehrer im Laufe der Übungsphase fest, dass ein Tanzschritt noch nicht von allen beherrscht wird, werden erneute Wiederholungen eingebaut.
- Ein ansprechender Schautanz zeichnet sich nicht nur durch seine Tanzschritte, sondern auch durch seine Figuren aus. Figur meint hier die Aufstellung der einzelnen Tänzer (Linie, Kreis, V u. v. m.). Da **Positionswechsel** eine zusätzliche kognitive Leistung der Tänzer erfordern, sollten diese in Berücksichtigung der Lerngruppe **angemessen eingebaut werden**.
- Innerhalb einer Übungseinheit sollte die **Anzahl der neu einzuübenden Tanzschritte an die Aufnahmekapazität der Lerngruppe angepasst werden**. Sowohl Unter- als auch Überforderung der Schüler können die Motivation und Freude am Tanzen reduzieren.

5A Zu Popmusik tanzen: Unterrichtsbeispiel zu „We Will Rock You" (Rockmusik) (1)

Generell ist bei der Auswahl der Musik zu berücksichtigen, dass sie die Bewegung stützt, Bewegungsfreude hervorruft und genaues Hinhören und neue körperliche Ausdrucksmöglichkeiten herausfordert.

Der Rockklassiker „We Will Rock You" wird diesen Ansprüchen durch sein besonderes Gestaltungsmerkmal der stetig wiederholenden Rhythmus- und Bassfiguren gerecht.

Musik: Queen – We Will Rock You (1977)

Länge: 2:02 Min. (Original), verlängert auf: 2:12 Min.[16]

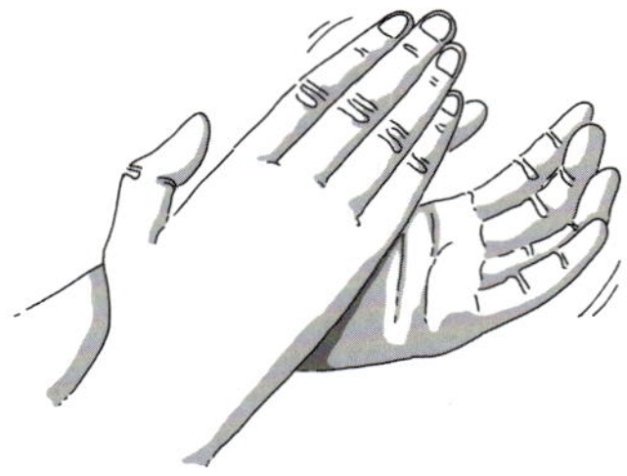

Formverlauf	Zählzeit[17] (ZZ)	Takte	Bewegungsform
Intro[18]	4 × 8	4	klatschen, Arme
Strophe 1	4 × 8	4	stampfen, klatschen
Refrain 1	4 × 8	4	gehen (vor und zurück), klatschen, Arme
Strophe 2	4 × 8	4	Seitschritt, rechter Arm, Positionswechsel
Refrain 2	4 × 8, *verlängert auf: 8 × 8*	8	wie Refrain 1 (1x wiederholen)
Strophe 3	4 × 8	4	Seitschritt, klatschen, Boxen (Arme)
Refrain 3	8 × 8	8	wie Refrain 2
Koda[19] (Gitarrensolo)	8 × 8	8	Gitarre spielen (Improvisation)

[16] Die Länge des zweiten Refrains wurde verdoppelt, um damit die Dauer der Tanzschritte des Refrains schon hier – wie dann im dritten Refrain auch – zu verlängern.
[17] Zählzeiten bilden ein Raster innerhalb eines Taktes und geben die Anzahl der Grundschläge an.
[18] einleitender Teil eines Musikstücks
[19] Schluss oder Anhang eines musikalischen Satzes

Kostümideen

Gemeinsam mit den Schülern kann das Kostüm gestaltet werden. Dazu sollte den Schülern Raum gegeben werden, eigene Ideen einzubringen. Durch das Mitbringen verschiedener Kleidungsteile können sie Ideen anschaulich gemacht werden.

Für einen Tanz zum Thema Rockmusik bieten sich folgende Kostümideen an:

- T-Shirt (z. B. schwarz, rot oder weiß), evtl. mit Aufdruck (z. B. Rockgebärde)
- Jeans oder schwarze Hose
- Nietenarmbänder/-halsbänder
- Haarbänder
- Handschuhe ohne Finger (aus Leder oder Netzstoff)

Mögliche Accessoires

Zusätzlich zum Kostüm können Accessoires genutzt werden. Dies ist aber nicht zwingend notwendig. Zum Thema Rockmusik bietet es sich an, aufblasbare E-Gitarren (zu erwerben in verschiedenen Shops im Internet). An diese lässt sich in der Regel ein Band anbringen, mit dem die Schüler sich die Gitarren umhängen können. Dadurch können sie an den Stellen im Tanz, an denen die Gitarren nicht zum Einsatz kommen, bequem auf den Rücken gedreht werden.

Beschreibung der Tanzschritte

Intro (ZZ: 4 × 8)

ZZ 1–2	Füße stehen parallel, Gewicht auf beiden Beinen; 2-mal klatschen
ZZ 3–4	auf 3 Arme im V nach oben strecken, bei 4 halten
ZZ 5–6	2-mal klatschen
ZZ 7–8	auf 7 Arme im V nach oben strecken, bei 8 halten
	3-mal wiederholen

Hinweis: Eine aufblasbare E-Gitarre ist auf den Rücken gedreht.

Strophe 1 (ZZ: 4 × 8):

ZZ 1–2	stampfen: rechter Fuß auf 1, linker Fuß auf 2
ZZ 3–4	klatschen auf 3
ZZ 5–6	stampfen: rechter Fuß auf 5, linker Fuß auf 6
ZZ 7–8	klatschen auf 7
	3-mal wiederholen

Refrain 1 (ZZ: 4 × 8):

ZZ 1–8	vier Schritte nach vorne gehen, mit rechts beginnen
ZZ 9–10	2-mal klatschen
ZZ 11–12	auf 11 Arme im V nach oben strecken, bei 12 halten
ZZ 13–16	wie Takt 9–12
ZZ 16–24	vier Schritte nach hinten laufen (rückwärts), mit rechts beginnen
ZZ 25–28	wie Takt 9–12
ZZ 29–32	wie Takt 9–12

Strophe 2 (ZZ: 4 × 8):

ZZ 1–4	Seitschritt nach rechts, rechte Faust nach oben strecken (auf 1 und 3)
ZZ 5–8	Seitschritt nach links, rechte Faust nach oben strecken (auf 5 und 7)
ZZ 9–16	wie Takt 1–8
ZZ 16–32	auf neue Position laufen oder: auf der Stelle laufen

Refrain 2 (ZZ: 8 × 8)

ZZ 1–32	wie Refrain 1
ZZ 32–64	wie Refrain 1

Strophe 3 (ZZ: 4 × 8):

ZZ 1–4	Seitschritt nach rechts, klatschen auf 3
ZZ 5–8	Seitschritt nach links, klatschen auf 7
ZZ 9–16	wie Takt 1–8
ZZ 17–32	Boxen (Tempo individuell)

Refrain 3 (ZZ: 8 × 8):

ZZ 1–64	wie Refrain 2

Koda (Gitarrensolo) (ZZ: 8 × 8):

ZZ 1–40	aufblasbare E-Gitarre vom Rücken nach vorne holen, E-Gitarre spielen (Improvisation)
ZZ 41–64	ins Schlussbild laufen und positionieren

Alle aufgeführten Tanzschritte lassen sich für körperlich beeinträchtigte Schüler anpassen bzw. vereinfachen. Tanzschritte mit Laufbewegungen können Rollstuhlfahrer beispielsweise mithilfe eines Erwachsenen zurücklegen. Insgesamt gilt, dass der Spaß im Vordergrund steht und nicht entscheidend ist, Bewegungen korrekt auszuführen!

Positionen

Der Tanz wurde in zwei verschiedenen Aufstellungen getanzt. Der Wechsel der Positionen fand in Takt 16–32 in Strophe 2 statt. An dieser Stelle sollen beide Aufstellungen für die Gruppengröße von zehn Schülern skizziert werden. Die Spitze der Dreiecke deutet die Blickrichtung der Tänzer an.

1. Position: zwei Linien

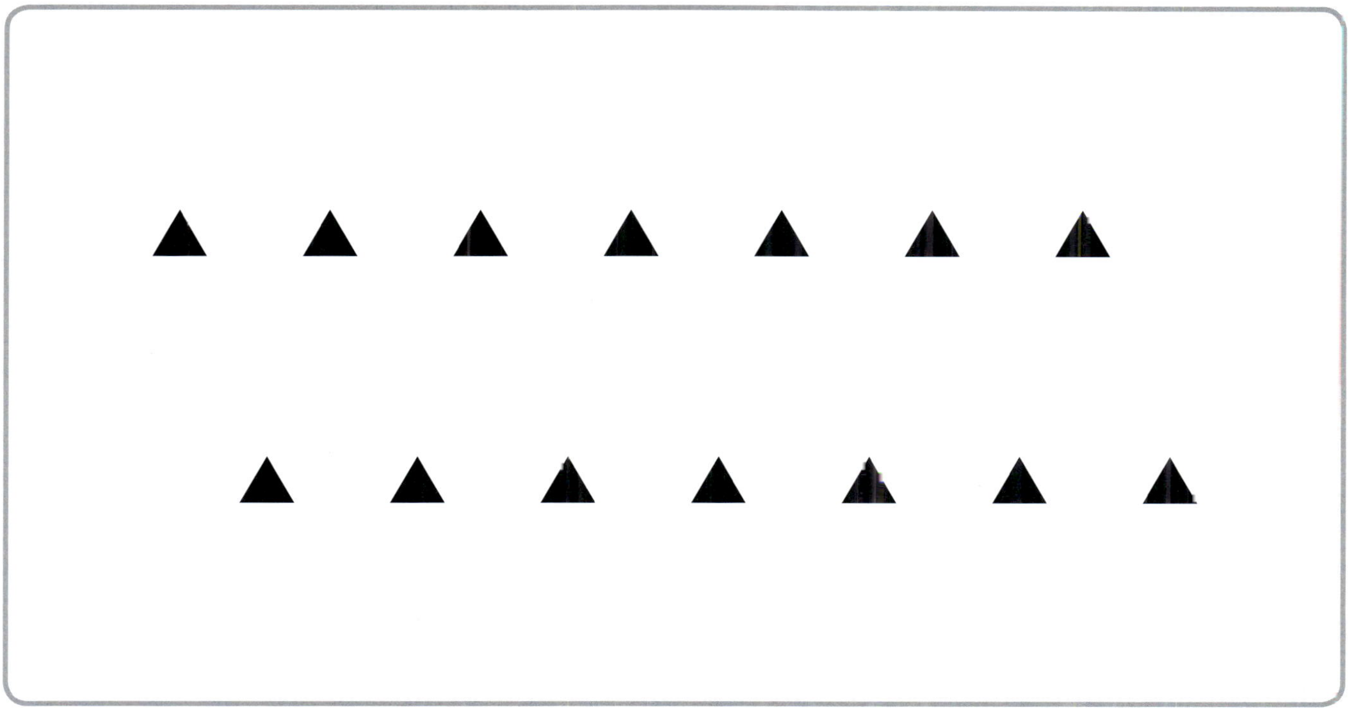

2. Position: V

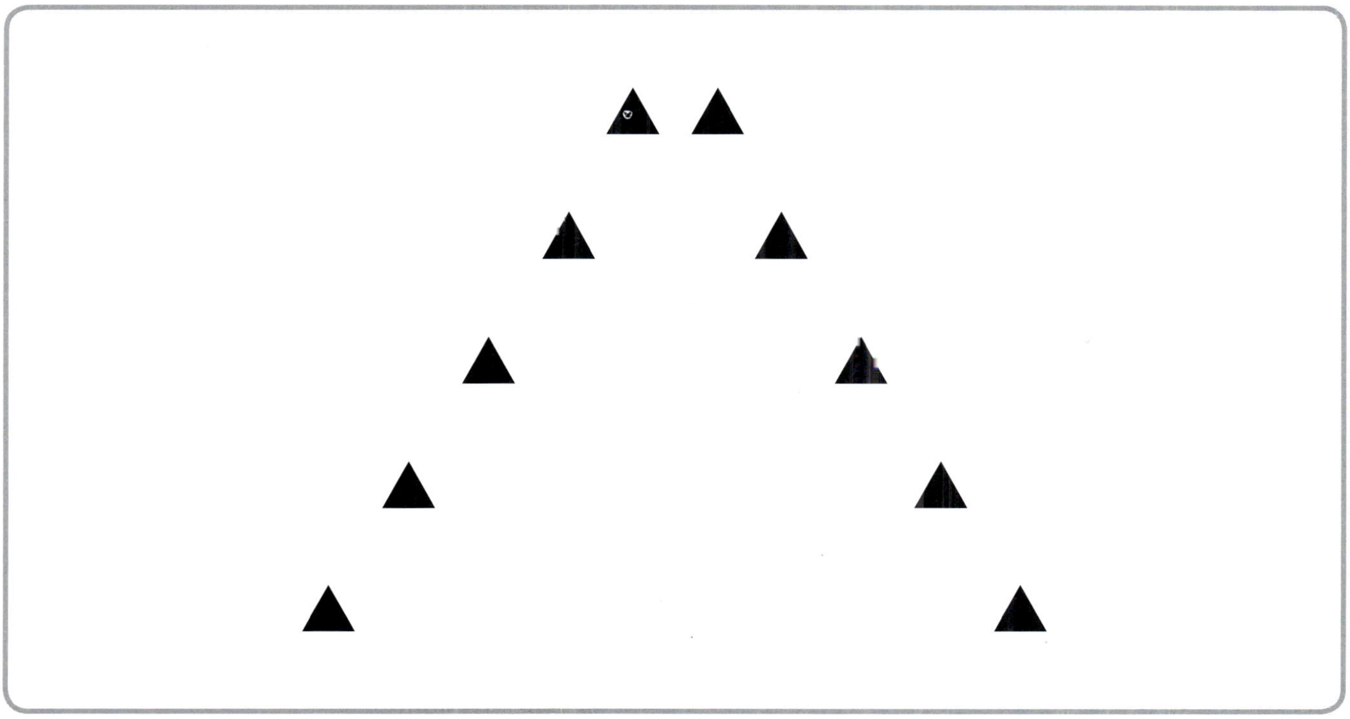

5B Zu Popmusik tanzen: Unterrichtsbeispiel zu „Lovers On The Sun“ (ETM) (1)

Musik: David Guetta – Lovers On The Sun (2014)

Länge: 3:20 Min.

Formverlauf	Zählzeit (ZZ)	Takte	Bewegungsform
Intro	2 × 8	2	stehen und schnipsen
Strophe 1	8 × 8	4	„Cowboyduell“: gehen (umeinander) und mit den Fingern eine Pistole darstellen
		2	in Reihe marschieren (Position 2)
		2	Seitschritt rechts & klatschen, Seitschritt links & klatschen
Refrain	6 × 8	2	Arme strecken (runter & hoch) (2×)
		4	laufen und klatschen
Pause	4 × 8	4	Positionswechsel (laufen) (Position 3)
Instrumental	4 × 8	4	Gehen (vor und zurück), klatschen
Pause			
Strophe 2	8 × 8	2	in Reihe marschieren (Position 2)
		2	Seitschritt rechts & klatschen, Seitschritt links & klatschen
		4	gehen (vor und zurück) & klatschen (2×)
Refrain	6 × 8	2	Arme strecken (runter & hoch) (2×)
		4	marschieren und klatschen
Pause	4 × 8	4	Positionswechsel (Laufen) (Position 3)
Instrumental	4 × 8	4	gehen (vor und zurück), klatschen
Pause			
Strophe 3 (Outro)	4 × 8	2	in Position 1 laufen
		2	„Cowboyduell“: gehen (umeinander) und mit den Fingern eine Pistole darstellen

Kostümideen

- Cowboyhut
- kariertes Hemd
- Jeans
- Weste

Mögliche Accessoires

Bei Bedarf kann eine Kulisse gestaltet werden. Hierzu folgende Ideen:

- Saloontür
- Kakteen
- Prärie (auf Laken gemalt)

Beschreibung der Tanzschritte

Intro	(ZZ: 2 × 8)	
	in Position 1 stehen und mit rechter Hand auf den Off-Beat schnipsen, Kopf senken	
Strophe 1	(ZZ: 8 × 8)	
4 Takte:	„Cowboyduell“	
	in Zweiergruppen im Kreis laufen (umeinander herumgehen), mit den Fingern eine Pistole darstellen und ein Pistolenduell simulieren	
2 Takte:	in Position 2 marschieren	
2 Takte:	ZZ 1–7	nach rechts gehen (Seitschritt)
	ZZ 8	seitlich nach rechts klatschen
	ZZ 9–15	nach links gehen (Seitschritt)
	ZZ 16	seitlich nach links klatschen
Refrain	(ZZ: 6 × 8)	
2 Takte:	ZZ 1–4	Arme zum Boden strecken
	ZZ 5–8	Arme nach oben über den Kopf strecken
		1-mal wiederholen
4 Takte:	auf der Stelle marschieren und im Takt klatschen	
Pause	(ZZ: 4 × 8)	
2 Takte:	durcheinanderlaufen	
2 Takte:	in Position 3 gehen	
Instrumental	(ZZ: 4 × 8)	
	ZZ 1–4	in den Reihen aufeinander zulaufen
	ZZ 5–8	auf der Stelle marschieren und im Takt klatschen
	ZZ 9–12	in den Reihen zurücklaufen
	ZZ 13–16	auf der Stelle marschieren und im Takt klatschen
		1-mal wiederholen
Pause:	stehen	

Strophe 2	(ZZ: 8 × 8)	
2 Takte:	in Position 2 marschieren	
2 Takte:	ZZ 1–7	nach rechts gehen (Seitschritt)
	ZZ 8	seitlich nach rechts klatschen
	ZZ 9–15	nach links gehen (Seitschritt)
	ZZ 16	seitlich nach links klatschen
4 Takte:	ZZ 1–7	nach vorne gehen
	ZZ 8	klatschen
	ZZ 9–15	nach hinten gehen
	ZZ 16	klatschen
		1-mal wiederholen
Refrain	(ZZ: 6 × 8)	
2 Takte:	ZZ 1–4	Arme zum Boden strecken
	ZZ 5–8	Arme nach oben über den Kopf strecken
		1-mal wiederholen
4 Takte:	auf der Stelle marschieren und im Takt klatschen	
Pause	(ZZ: 4 × 8)	
2 Takte:	durcheinanderlaufen	
2 Takte:	in Position 3 gehen	
Instrumental	(ZZ: 4 × 8)	
	ZZ 1–4	in den Reihen aufeinander zulaufen
	ZZ 5–8	auf der Stelle marschieren und im Takt klatschen
	ZZ 9–12	in den Reihen zurücklaufen
	ZZ 13–16	auf der Stelle marschieren und im Takt klatschen
		1-mal wiederholen
Pause:	stehen	
Strophe 3	(Outro; ZZ: 4 × 8)	
2 Takte:	in Position 1 gehen	
2 Takte:	ZZ 1–4	stehen, „Pistolenfinger" nach rechts, Arme gestreckt
	ZZ 5–8	stehen, „Pistolenfinger" nach links, Arme gestreckt
		1-mal wiederholen
Endposition:	„Pistolenfinger" nach vorne, Arme gestreckt	

Positionen

Position 1:

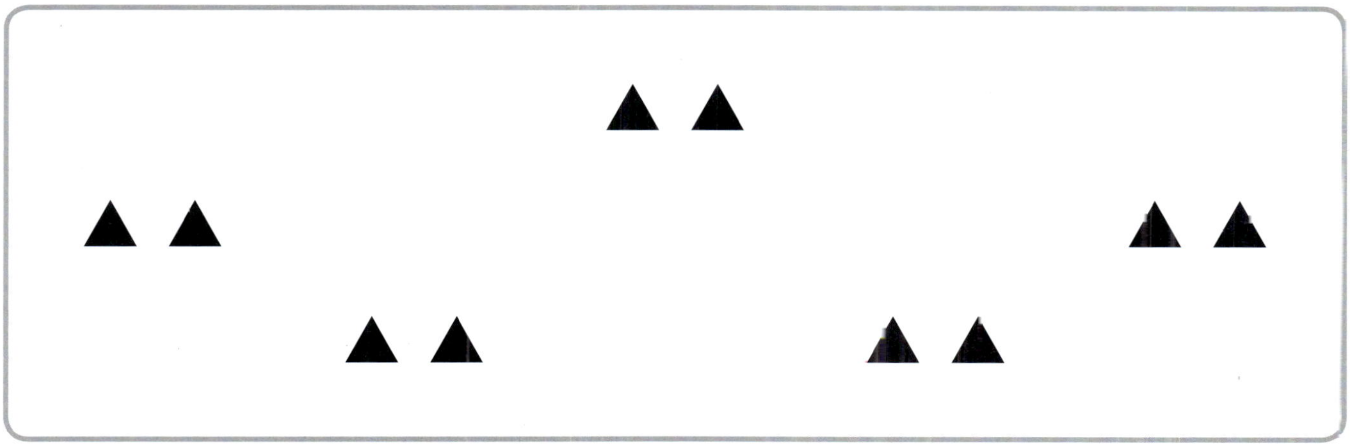

Position 2: Linie (Reihe)

Position 3: Zwei Linien

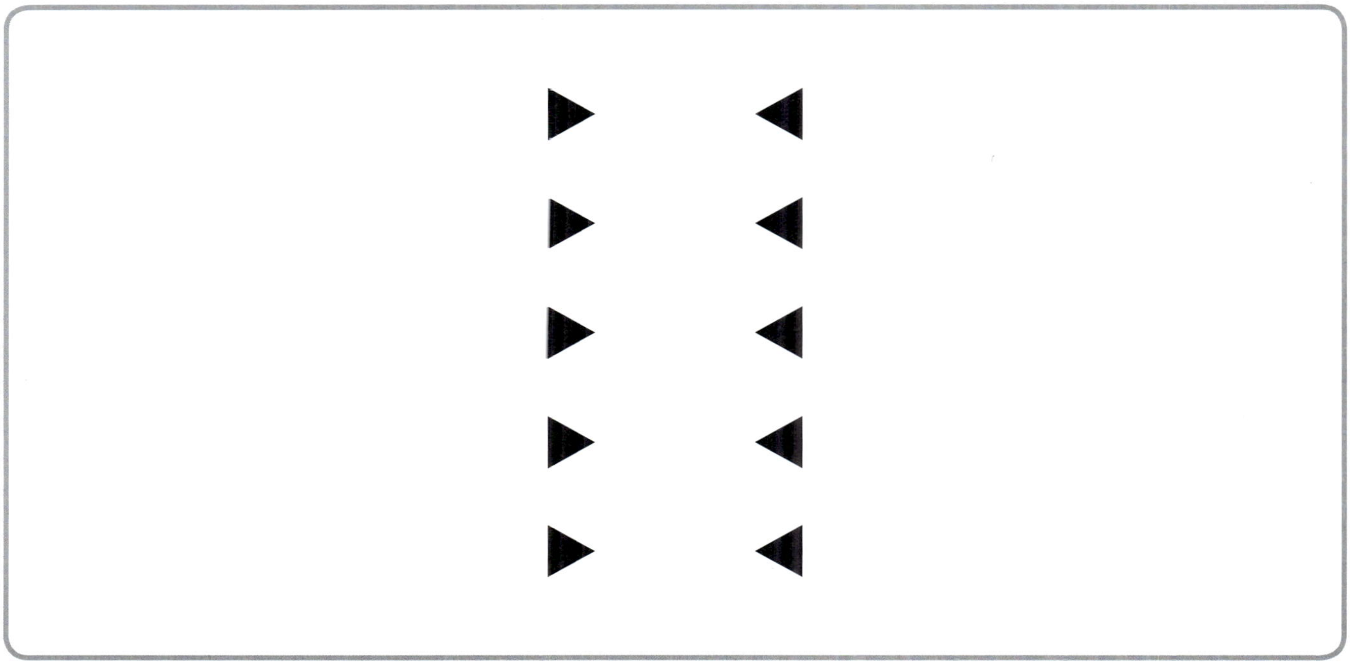

Neben dem Musizieren und Tanzen können Sie mit den Schülern Popmusik auch selbst entwickeln. Hierbei können die Schüler zum einen Einblick in die Wechselbeziehungen zwischen Sprache und Musik erhalten und zum anderen die produzierten Lieder und ihren Gesang als Ausdrucksmöglichkeit erleben (vgl. Schmitt 2009, 223).

Das Vorgehen bei einer Liedproduktion kann in Anlehnung an Schmitt (ebd.) allgemein auf folgende Formel gebracht werden:

Text – Form – Rhythmus – Melodie – Arrangement

Mit Blick auf die individuellen Voraussetzungen der Schüler mit dem Förderschwerpunkt geistige Entwicklung ist es sinnvoll, die Anforderungen, die eine Liedproduktion mit sich bringen, zunächst zu reduzieren. Dabei bietet es sich an, mit der Produktion eines **Raps** einzusteigen, denn hierbei treten die Planungsschritte Melodie und Arrangement in den Hintergrund. Im Vordergrund stehen hingegen der Sprechgesang und der Beat/Rhythmus (siehe Kapitel 3.3).

Im Folgenden werden die wichtigsten Planungsschritte für die Entwicklung eines eigenen Raps mit einzelnen Beispielen aufgeführt. Exemplarisch soll hier ein **Klassenrap** entstehen, in dem sich die Schüler (und das Personal) vorstellen können.

Bei der Produktion und einer möglichen anschließenden Präsentation eines Klassenraps wird die Klassengemeinschaft gestärkt, die Identifikation mit der Klasse erhöht und ein Zugehörigkeitsgefühl entwickelt.

Text erfinden

Bei einem Klassenrap steht die Vorstellung der einzelnen Klassenmitglieder im Mittelpunkt. Dazu gehören neben den Schülern auch das Personal: Lehrer, Erzieher, Teilhabeassistenten. Natürlich bieten sich bei der Liedproduktion auch zahlreiche andere Themen aus dem (Schul-)Alltag an.

Zunächst werden geeignete Textaussagen gesammelt. In den *Strophen* können sich die einzelnen Personen (einzeln singen), im *Refrain* die gesamte Klasse (gemeinsam singen) präsentieren. Für die Strophen überlegen sich die Schüler und Erwachsenen, was sie gerne über sich erzählen möchten. Dazu können beispielsweise Hobbys gesammelt werden (Was machst du gerne?). Oder aber es wird nach Dingen gefragt, die die Schüler/Erwachsenen mögen oder nicht mögen (Was magst du? Was magst du nicht?). Anschließend können bereits passende Reime gesucht werden[20].

[20] Siehe Anhang A

Eine Ideensammlung könnte wie folgt (als Tafelbild) festgelegt werden:

Timo:
spielt Fußball
trifft sich gerne mit Freunden
geht gerne in die Stadt

Lisa:
hört gerne Musik
tanzt gerne

Frau Meier:
strickt gerne
backt gerne

Refrainvorschlag (16 Takte, ZZ: 4 × 8):
Hey hello, wir sind die …
Wir rappen jetzt und alle sind mit *dabei*!
Wir haben unser Mikro und stellen uns vor
Also aufgepasst, spitzt eure Ohren!
(das letzte Wort der zweiten Zeile sollte sich auf den Klassennamen reimen; Bsp.: G2 – dabei)

Form

Im nächsten Schritt werden die Strophen durch Umstellen, Verändern und Ergänzen einzelner Wörter und Satzteile geformt. Während der Schreibphase kann der Lehrer einen einfachen Hip-Hop Beat (Näheres unter dem Punkt „Rhythmus“) im Hintergrund in Dauerschleife abspielen. Dadurch erhalten die Schüler bereits ein Gefühl für den Rhythmus und können die Textteile einfacher zusammensetzen. Um den Textumfang der einzelnen Strophen zunächst gering zu halten (Überforderung vermeiden), kann jedem Schüler/Erwachsenen eine Strophe mit zwei Zeilen zugeteilt werden. Dabei bietet es sich an, eine Zeile auf einen Takt (Zählzeit 1–8) zu rappen, sodass jede Strophe schließlich aus zwei Takten (ZZ: 2 × 8) besteht. Der Umfang der einzelnen Strophen kann aber auch individuell an die Voraussetzungen der Schüler angepasst und erweitert werden.

Für Schüler, die noch keine Schrift lesen, sollten zusätzlich Piktogramme angeboten werden.

Beispiel:

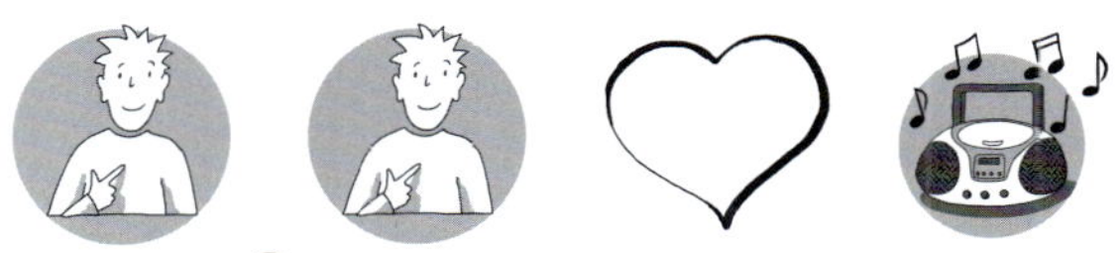

Ich bin & und ich liebe Musik,

ich kann mich gut bewegen – egal zu welchem Beat.

Anschließend wird besprochen, wie oft und an welchen Stellen der Refrain eingesetzt wird. Der eigenen Erfahrung nach ist es sinnvoll, mit dem Refrain zu starten, da hier alle Teilnehmer gleichermaßen aktiviert werden und man sich bereits einsingen kann. Außerdem lässt sich die anfängliche Hemmschwelle leichter gemeinsam überwinden.

Rhythmus

Zunächst sucht man sich einen einfachen Hip-Hop-Beat. Hier bietet beispielsweise die Zeitschrift „Popmusik in der Grundschule" in ihrer Ausgabe 4/2014 mögliche Hip-Hop-Beats auf der beiliegenden CD an (z. B. Track 6). Bei der Auswahl des Beats ist zu beachten, dass die Schläge auf 2 und 4 eindeutig zu erkennen sind (gerades Taktmaß), damit die Schüler Rhythmussicherheit erhalten.

Bevor der Text zum Beat gerappt wird, sind rhythmische Vorübungen sinnvoll. Auch diese erhöhen die Rhythmus- und Taktsicherheit der Schüler. Der Beat sollte dazu in Dauerschleife laufen.

Mögliche Übungen sind u. a.:

- im Stehen/Sitzen mit den Fersen im Takt wippen.
- im Takt klatschen/patschen/stampfen.
- an der Stelle klatschen/patschen/stampfen, an der die „1" vermutet wird (diese Orientierung im Beat gibt Sicherheit und hilft später dabei, den richtigen Einsatz zu finden).
- an der Stelle der „1" den eigenen Namen sagen.

Anschließend wird der ausgewählte Text zum Beat gesprochen. Hierbei ist es wichtig, den Schülern genügend Zeit zum Ausprobieren und Üben zu geben.

Hinweise zum Arrangement

Obwohl bei der Rapmusik eine musikalische Ausgestaltung in den Hintergrund rückt, sollen nachfolgend Möglichkeiten zur Gestaltung von Stimmen, (Körper-)Instrumenten und Bewegungen dargestellt werden.

Gestaltung mit Stimmen:

- Wechsel der Lautstärke (von Strophe und Refrain)
- wechselnder Gesang zwischen Gruppen und Solisten (Refrain – Strophen)

Gestaltung mit Instrumenten:

- Einsatz körpereigener Instrumente durch Klatschen oder Stampfen: Dadurch gewinnen die Schüler Rhythmussicherheit und können den Text einfacher an den Beat anpassen.
- Einsatz von Rhythmusinstrumenten, wie z. B. Rasseln oder Klanghölzer

Gestaltung mit Bewegung:

- begleitende Gebärden zum Rap (fördert die Teilnahme aller Schüler)
- typische Körperbewegungen (z. B. rhythmischen Nicken)
- Tanzbewegungen zu einzelnen Rapteilen

Übungsphase

Im Anschluss an diesen letzten Planungsschritt gilt: Üben, üben, üben!

Um eine zunehmende Sicherheit beim Rappen und beim Finden der Einsätze zu fördern, bietet es sich an, den Ablauf des Raps (Form) zu visualisieren. Dazu kann ein Plan gestaltet werden, auf dem die einzelnen Teile des Raps untereinander aufgeführt sind. Für Schüler, die noch keine Schrift lesen können, sollten zudem Piktogramme und ggf. auch Fotos der einzelnen Personen hinzugefügt werden. Der Plan wird dann auf DIN-A3- oder -A2-Format kopiert und für alle ersichtlich im Klassenraum angebracht. So können sich die Schüler beim Üben des Raps orientieren.

Beispiel für einen Ablaufplan

Klassenrap

1. *Refrain*
2. Lisa
3. Timo
4. Frau Meier
5. Karl
6. *Refrain*
7. Katrin
8. Felix
9. Herr Rau
10. *Refrain*

Einsatz von Hilfsmitteln der Unterstützten Kommunikation

Schülern, deren lautsprachliche Fähigkeiten eingeschränkt sind, sollte ein Hilfsmittel zum Rappen zur Verfügung gestellt werden. Dabei bietet es sich an, den Text auf ein elektronisches Ausgabegerät aufzunehmen. In Berücksichtigung des Geschlechts sollte für einen Schüler eine männliche, für eine Schülerin eine weibliche Stimme zur Aufnahme gewählt werden. Besitzen Schüler ein komplexeres elektronisches Kommunikationsgerät (z. B. Talker oder Tablet mit Kommunikationsprogramm), kann auch dieses genutzt werden.

Hobby	Textbeispiel
spielen	Hey, ich bin … und ich spiele gern, vor allem mit …, die/das ist gerad' modern.
bauen	Mein Name ist … – ich soll euch was bauen? Dann geh ich in die Werkstatt und ihr werdet staunen.
schauspielern	Hey, ich bin … – ich bin Schauspielerin. Beim Theaterspielen krieg ich alles hin!
mit dem Rollbrett fahren	Mein Name ist … – auf dem Rollbrett bin ich schnell. Du denkst, du bist schneller? Bin bereit für ein Duell!
Gitarre spielen	Hey, ich bin … und ich rufe „hi"! Meine Gitarre hab ich fast immer dabei.
frisieren	Mein Name ist …, ich mach dir 'ne Frisur. Ob flechten oder drehen – das mach ich mit Bravour!
malen	Hey, ich bin … und ich liebe es zu malen, gelb, grün, blau oder einfach nach Zahlen.
Rad fahren	Ich bin … und ich bin gerne draußen, da kann ich mit dem Rädchen über'n Schulhof sausen.
Musik hören	Hey, ich bin … und ich liebe Musik, so sehr, dass ich nicht genug davon krieg.
arbeiten/lernen	Hey, ich bin … und liebe die Arbeit, was Neues zu lernen, bin ich immer bereit.
Fußball spielen	Hey, ich bin … und ich spiele gerne Fußball, ich spiele so gut, da klatschen alle Beifall.
Freunde treffen, Fußball spielen, in die Stadt gehen	Mein Name ist … – mit Freunden häng ich ab, ich spiel auch gerne Fußball oder gehe in die Stadt.
tanzen	Hey, ich bin … und ich liebe Musik. Ich kann mich gut bewegen, egal zu welchem Beat.
singen	Mein Name ist … und ich singe gern, bei schlechter Laune hält das die Sorgen fern.
stricken	Ich bin … – du brauchst einen Schal? Ich stricke dir einen, ob breit oder schmal.
backen	Mein Name ist … und ich backe gern, ob Kuchen oder Kekse – man riecht es schon von fern.

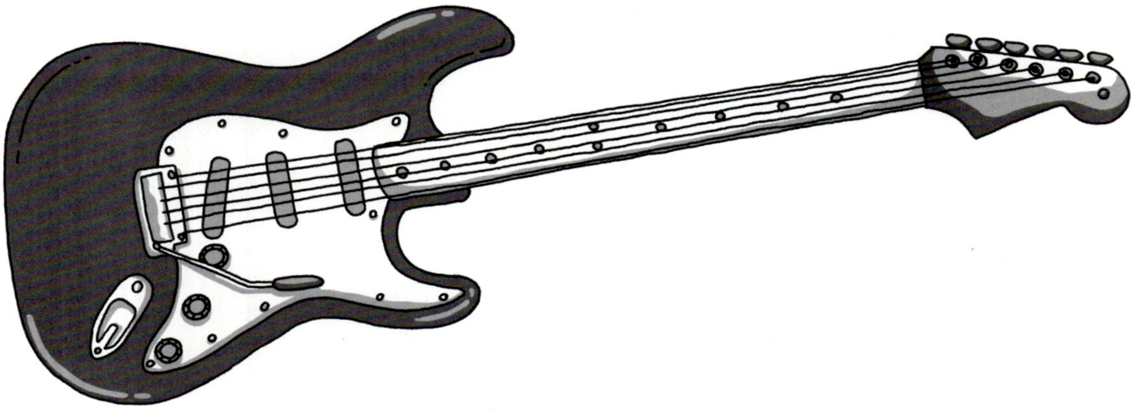

Rockmusik

elektronische Tanzmusik

Rapmusik

Gitarre

E-Gitarre

Schlagzeug

Mikrofon

Tablet

Bass

rappen

Beat

Bayerisches Staatsministerium für Unterricht und Kultus (BsfUK) (2003): Lehrplan für den Förderschwerpunkt geistige Entwicklung. Lernbereich Musik, S. 295–311.

Biegholdt, G. (2013): Musik unterrichten. Grundlagen, Gestaltung, Auswertung. Seelze: Kallmeyer & Klett.

Häußler, M. & Wittenstein, R. (2011): Lebenswelt und musikalische Kompetenz – Musikunterricht im Förderschwerpunkt geistige Entwicklung. In: Ratz, C. (Hrsg.): Unterricht im Förderschwerpunkt geistige Entwicklung. Fachorientierung und Inklusion als didaktische Herausforderungen. Oberhausen: ATHENA-Verlag, S. 283–304.

Hessisches Kultusministerium (HKM) (2007): Bildung von Anfang an. Bildungs- und Erziehungsplan für Kinder von 0 bis 10 Jahren in Hessen. Paderborn: Bonifatius GmbH, S. 73 f.

Höfele, H. E., Küntzel, B., Steffe, S. (2014): Popmusik in der Grundschule (Heft 4/2014) mit CD, 8. Ausgabe. Lugert Verlag: Handorf.

Loscher, T. (2016): Das iPad im Musikunterricht mit mehrfachbehinderten Schülerinnen und Schülern mit Förderschwerpunkt Sehen. In: blind-sehbehindert 03/2016. Würzburg: Edition Bentheim, S. 201–208.

Rolle, C. (2010): Über Didaktik Populärer Musik. Gedanken zur Un-Unterrichtbarkeit aus der Perspektive ästhetischer Bildung. In: Maas, G. & Terhag, J. (Hrsg.): Musikunterricht Heute 8. Zwischen Rockklassikern und Eintagsfliegen. 50 Jahre Populäre Musik in der Schule. Handorf: Lugert Verlag, S. 48–57.

Pitsch, H.-J. & Thümmel, I. (2015): Projektarbeit, Projektunterricht – Grundlagen. In: Ebd.: Methodenkompendium für den Förderschwerpunkt geistige Entwicklung – Band 2: Lernen in der Schule. Oberhausen: ATHENA-Verlag, S. 187–202.

Probst, W., Schuchhardt, A. & Steinmann, B. (2006): Musik überall. Ein Wegweiser für Förder- und Grundschulen. Braunschweig: Westermann.

Schmitt, R. (2009): Musik erfinden. In: Helms, S. / Schneider, R. / Weber, R. (2009): Handbuch des Musikunterrichts. Band 1, Primarstufe. 4. Aufl. Kassel: Gustav Bosse GmbH & Co. KG, S. 187–236.

Schwaighofer, S. J. (2015): Musizieren mit und von Menschen mit geistiger Behinderung. Grundlagen – Möglichkeiten – Auswirkungen. Saarbrücken: Akademiker Verlag.

Terfloth, K. & Bauersfeld, S. (2012): Schüler mit geistiger Behinderung unterrichten. Didaktik für Förder- und Regelschule. München, Basel: Ernst Reinhardt Verlag.

Die Toten Hosen: Tage wie diese
© PKM Patricks Kleiner Musikverlag GmbH, 2012. Album: Ballast der Republik.

Blur: Song 2
© EMI Records Ltd., 1997. Album: Blur.

Red Hot Chili Peppers: Otherside
© Warner Bros Records, 2000. Album: Californication.

Avicii: Wake me up
© PRMD Music/ Universal Music, 2013. Album: True.

David Guetta (feat. Sam Martin): Lovers on the sun
© Parlophone, 2014. Album: Listen.

Robin Schulz feat. Jasmine Thompson: Sun goes down
© Tonspiel, 2014. Album: Prayer.

Cro: Einmal um die Welt
© Chimperator Productions, 2012. Album: Raop.

Die Fantastischen Vier: Ernten, was wir säen
© Columbia Records/Sony BMG, 2007. Album: Fornika.

Sido & Andreas Bourani: Astronaut
© Urban/Universal Music Group, 2015. Album: VI.

Andreas Gabalier: Hulapalu
© Electrola/Stall Records, 2016. Album: Mountain Man.

Queen: We Will Rock You
© EMI/Elektra, 1977. Album: News of the World.

Jederzeit optimal vorbereitet in den Unterricht?